20歳頃の富太郎
（高知県立牧野植物園提供）

金峰神社
（編集部撮影）

妻・壽衛と
（高知県立牧野植物園提供）

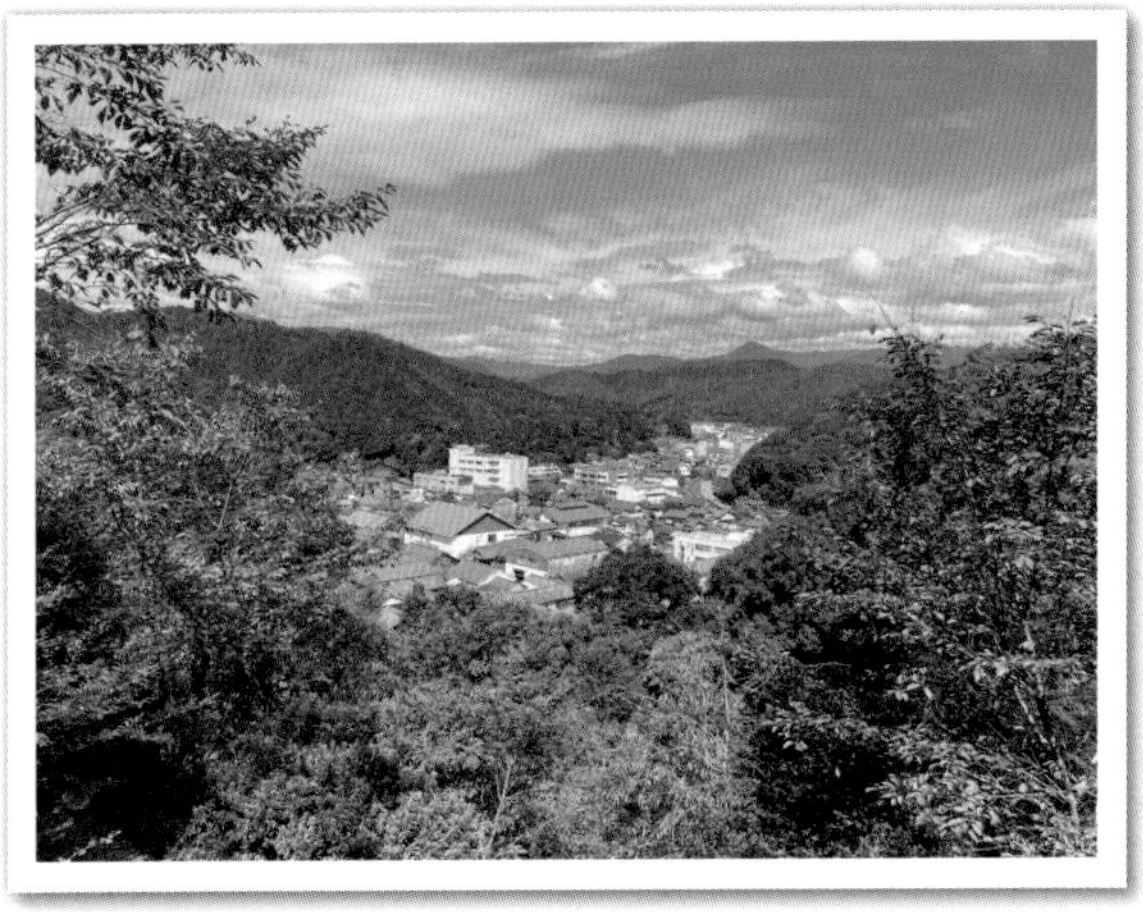
牧野公園から見た佐川の街並み
（編集部撮影）

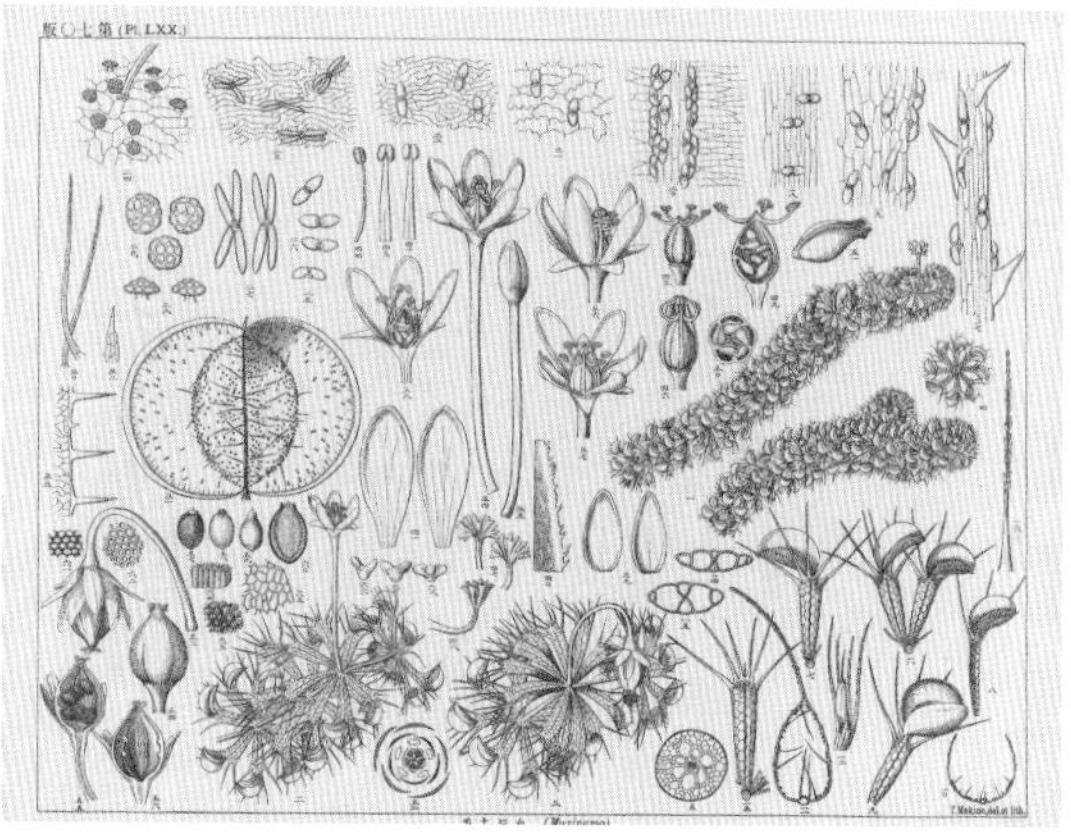

ムジナモの植物図
（高知県立牧野植物園所蔵）

晩年の富太郎
（国立国会図書館所蔵）

座して祈る富太郎
（高知県立牧野植物園提供）

ボウブラと富太郎
（高知県立牧野植物園提供）

牧野富太郎

草木を愛した
博士のドラマ

光川康雄

日本能率協会マネジメントセンター

はじめに

この本を手に取っていただき、ありがとうございます。

きっと、牧野富太郎《まきのとみたろう》の幸運があなたにもお届けできると信じて、執筆しています。筆者の独り言を読みたくないといわれる方は、本文（第1章）からお読みください。

さて、主人公の富太郎は94歳という長命でした。これは本当に幸せなことではないでしょうか。夢半ばにして倒れた人を、歴史的にも現実の身の周りでも数多く見聞きしてきました。

卑近な例ですが、筆者は大学卒業後5年間会社員でした。その後は、大学院に戻ったり、教育に関わる（塾・予備校、高校・高専、大学、専修学校など）非正規雇用者で1年契約の更新にびくびくしてきました。その後、70歳になって、正規の働き口を見つけることができました。とにかく思うのは、周りの人たちに恵まれたこと。この一言に尽きます。

牧野富太郎の生涯はどうでしょう。一心不乱に植物研究に励むものすごい努力と熱意には、ただただ敬服するしかありません。では、どうしてそれは可能だったのでしょう？　彼の夢の実現を経済的に支えたり、温かく見守ったりしてくれた人々の存在に、筆者は注目しました。

「草木（植物）に愛を持つことによって、人間愛を養うことができる」という信念を持つ富太郎。

その生きざまは、ドラマチックです。わたしたちは、この植物学者の人生からどのような学びを得るのでしょうか。

もちろん、時代は今とは全く違いますが、「草木」のところを、個々の別の仕事などに置き換えてみた時に、変わらないものが見つかるのかと、考えます。

本書を書くことになったきっかけについてお話します。沖田行司編著『人物で見る日本の教育』（ミネルヴァ書房）という日本教育史の専門書（大学教科書）があります。筆者も執筆陣に入っていましたが、編者の沖田先生に、近代の理科教育で適当な人物を尋ねられました。そこで浮かんだのが受験日本史で覚えた「牧野富太郎」でした。

そのような経緯もあり、私が執筆を担当することになり、文字通り一からのスタートでした。文献資料はもちろんですが、富太郎の誕生地や終焉の場所、さらにゆかりの植物園をめぐる旅もしました。歴史も新聞記者と同じように足でかせぐのです。ところが、筆者は、研究対象の人物を批判的に見てしまう悪い癖があります。また、教育と牧野富太郎を結びつけることも難題でした。1年以上かけて、なんとか8ページにおよぶ記述を完成させることができ、とても良い勉強になりました。

ただ、この時つけた「学歴を持たない植物学者」というサブタイトルには、どこかしっくりこないものを感じていたのも事実です。このたび、再度牧野富太郎にチャレンジできる機会を得て、筆者が一番喜んでいます。

この本をお読みくださる読者の皆さまの中にも、あまり富太郎を好きになれない方もいらっしゃるのではないでしょうか。何を隠そう、筆者自身がはじめはそうでした。ですが、彼の笑顔に次第に引き込まれてしまいました。彼のように「一途な」人物を、わたしは他に知りません。

令和の現在では到底出現しない風雲児のストーリーと周辺の心温かい人たちのことをほんの一部でも読んでいただければ、この上ない喜びです。

長くなりました。本文へ入っていきましょう。牧野富太郎とは、どんな人生を歩んだ人なのでしょう。

目次

はじめに 003

第1章 牧野富太郎の生涯

1 昭和天皇から届いた「アイスクリーム」 012
2 故郷・佐川の野山で草木を探しまわって 015
3 寺子屋・私塾などでの学びと「博物図」 017
4 学問の盛んな佐川の教育が生んだ偉人たち 021
5 初めての上京、東京の学者たちとの交際スタート 024
6 学歴はなくても植物分類をめぐって友人と切磋琢磨 031
7 『植物学雑誌』発刊と『日本植物志図篇』をめぐって 034
8 植物標本と精密画・印刷へのこだわり 038
9 一目惚れから恋愛結婚へ 040
10 矢田部博士からの植物学教室出入り禁止とその後 044
11 困窮する富太郎を支えた愛妻壽衛 049

12 膨大で貴重な採集品と経済的援助 053
13 植物好きの子どもたちとの交流と笑顔 057
14 スエコザサ 060
15 理学博士・日本学士院会員・文化勲章への路 063
16 研究者・富太郎の学問信条 067
17 ユニークな提言と植物学の日（4月24日） 070
18 私は草木の精 072
19 旅を終えて 075

第2章 牧野富太郎をとりまく人々

1 家族 078
牧野浪子／小左衛門／佐平／久壽　牧野壽衛　牧野鶴代
2 佐川の人々 083
伊藤蘭林　田中光顕　古沢滋　黒岩恒　土方寧　広井勇　堀見克礼　吉永虎馬

3 高知の人々 092
板垣退助　永沼小一郎
4 富太郎に影響を与えた学者たち 094
小野蘭山　飯沼慾齋　シーボルト　伊藤圭介　川本幸民　マキシモビッチ　福沢諭吉
小野職愨　田中芳男　杉浦重剛　小藤文次郎
5 東大植物学教室の人々 104
矢田部良吉　平瀬作五郎　松村任三　大久保三郎　染谷徳五郎　三好学　白井光太郎
伊藤篤太郎　池野成一郎　川村清一　服部広太郎　三宅驥一　田中貢一　松崎直枝　籾山泰一
6 東京帝国大学の人々 114
浜尾新　菊池大麓　箕作佳吉　桜井錠二　岡村金太郎　五島清太郎　朝比奈泰彦
7 富太郎の支援者・教え子たち 119
太田義二　五百城文哉　渡辺忠吾　村越三千男　中村春二　安達潮花（初代）　池長孟
昭和天皇　檜山庫三　上村登

第3章 牧野富太郎の足跡案内

1 佐川町 128

旧伊藤蘭林塾　金峰神社　佐川町立佐川地質館　佐川町立青山文庫　佐川文庫庫舎　青源寺
司牡丹酒造　牧野公園　牧野富太郎ふるさと館　名教館

2 高知市 —— 139
高知県師範学校　高知県立高知追手前高等学校　高知県立牧野植物園

3 越知町 —— 142
横倉山自然の森博物館　仁淀川

4 東京 —— 144
飯田町　学士会館　小石川植物園　東京大学本郷キャンパス　上野恩賜公園　天王寺墓地
根岸　青山練兵場　荒木山　東京大学駒場キャンパス　小岩菖蒲園　練馬区立牧野記念庭園
成蹊学園　東京都立大学牧野標本館

5 各地 —— 158
仙台市野草園　会下山小公園

おわりに —— 164
参考文献 —— 169
牧野富太郎略年譜 —— 174

※写真の出典については、特に説明がない限り第2章は「近代日本人の肖像」(国立国会図書館所蔵)より、第3章は編集部撮影。

第1章

牧野富太郎の生涯

1

昭和天皇から届いた「アイスクリーム」

『お父さん、陛下からアイスクリームが届きましたよ！』
『あの天皇陛下ですよ！』

娘の鶴《つる》代《よ》の慌てた声が耳に届く。もう一年近く病に伏せている。

最後に陛下（昭和天皇）にお目にかかったのはいつのことだったろうか。

１９４８年（昭和23）の秋（10月）に御前講義で皇居に参内し、吹上御苑を

共に歩きながら武蔵野の植物について講義したことを思い出す。早く元気に起ちあがって、胴に手製の採集箱（胴籃）を巻いて野山へ出かけたいものだ。私、牧野富太郎は「植物の精」なのだから……。

＊　＊　＊

齢92（満年齢、以下同）を数える時期からは、病床に横たわる日々。そんな中、富太郎は何を考えていたのでしょうか。

牧野富太郎。非常に破天荒な植物分類学者です。空気は読まない。

経済観念も乏しい。家庭は顧みない。

しかし、彼は一途に植物と向き合い、その命名・分類などに生涯をささげています。到底、真似できることではありません。

90歳を超えてなお、採集に出るほど元気だった富太郎ですが、最期の数年は寝たきりの生活を送っていました。当時看病にあたっていた鶴代さん（富太郎の次女）が手記に記しているように、起き上がって日々の庭（現在の練馬区立牧野記念庭園）の植物の状態をその目で確かめたかったことでしょう。野外に出掛けて野山の植物も愛でたかったことでしょう。

彼は、植物と語ることが何より好きだったと思います。

ここからは、富太郎の歩みを見ていきましょう。

2

故郷・佐川の野山で草木を探しまわって

「土佐の国は高岡郡、佐川《さかわ》の町に生まれた私は、子供のころよく町の上の金峰《きんぷ》神社の山へ遊びにいった。山は子供にとって何となく面白いところで、鎌を持っていって木を伐《き》り……キノコを採り、また陣処を作って戦さ事をしたりした。」（『草木とともに』）

富太郎は子ども時代をこう回想しています。故郷の佐川の野山や草木は、彼の生涯の仕事にも大きな影響を与えたのではないでしょうか。富太郎は

1862年（文久2）、代々酒造業（小間物屋も兼ねる）を営む家の後継ぎとして生まれました。屋号は「岸屋《きしや》」といい、平民ながら名字帯刀を許されていて、かなり裕福な家だったようです。幼名は成太郎でしたが、6歳の頃に富太郎に改名しています。子どもの頃は目が大きく、やせていたそうで、身体もあまり丈夫ではなかったといいます。

3歳の時にお父さんの佐平《さへい》を亡くし、続いて2年後にはお母さんの久壽《くす》、翌年祖父の小左衛門《こさえもん》も相次いで病死しています。そのため、小左衛門の後妻で、富太郎とは血の繋がらない祖母・浪子《なみこ》によって育てられることになりました。

早くに両親と死別したこと、店の切り盛りをするため忙しい祖母のもとで育てられたことが、凝り性で一人遊びが好きな性格に繋がったのかもしれません。両親のかわりに野山や草木に親しんだことが大きな業績に繋がったと考えると、目の前に不幸が訪れたとしても、それをもって絶望してしまうには早いような気もしてきます。

3 寺子屋・私塾などでの学びと「博物図」

明治4年［1871］、10才［数え年］の頃、私は寺子屋にいって習字を習っていたが、この寺子屋は佐川町の西谷《にしたに》というところにあった。私はここで土居謙護《どいけんご》という先生にイロハから習いはじめた。その後間もなく……［寺子屋を移り、］この寺子屋は伊藤蘭林《いとうらんりん》［徳裕《のりひろ》］という先生が開いているものであった。……やがて、私は、名教館《めいこうかん》［佐川の領主・深尾《ふかお》家が開いた郷校］に入校した。」（『草木とともに』、［ ］内は引用者注）

思う存分に郷里佐川を中心に土佐の国の野山に親しんだ富太郎は植物の実態に詳しくなっていきましたが、それをさらに刺激したのは、こうした塾や寺子屋・郷校での学びでした。富太郎は、新制の小学校に入学する以前（9歳ころ）から、すでに教育を受けていたのです。さらに、12歳で入学した小学校で教材の「博物図《はくぶつず》」にめぐりあったことが、彼の好奇心にいっそう火をつけたようです。

なぜ12歳なのか？ そもそも学制が全国に行き渡り、誰でも小学校に通えるようになったのが、富太郎が12歳になった時だったのです。名教館（廃藩置県後は、義校・名教館（名教義塾）となっていた）は、こうした新しい学制の発布を承けて廃止となり、新たに佐川小学校として生まれ変わります。富太郎は、そこに入りなおした形なのです。

ただ、小学校の授業はこれまで寺子屋や塾で学んできた富太郎にとって退屈だったらしく、卒業を待たず退学してしまいました。それからの富太郎は自分の興味のあること、とくに植物について独学するようになりました。

こうした事情はわかりにくいので、「小学校中退」という来歴から学歴のないことを指摘する声もありますが、富太郎が幼少期に受けた江戸時代以来の教育は漢文訓読などかなりレベルの高いものなのです。

名教館では明治以後、漢学に加えて川本幸民《かわもとこうみん》の『気海観瀾広義《きかいかんらんこうぎ》』や福沢諭吉《ふくざわゆきち》の『世界国尽《せかいくにづくし》』といった当時最新の訳書を通じて西洋の科学を教授していましたし、富太郎はさらに先生について外国語も学び始めていました。ある意味では、当時の小学校での学び以上の知識を既に習得していたのでしょうか。このような彼の学びを支えたものに、4万5千冊ともいわれる富太郎の蔵書もあったのでしょう。

そのように学んできた富太郎は、小学校を退学した翌年、なんと小学校の臨時教員として招かれたのです。富太郎の才覚を物語っているのではないでしょうか。そうして授業をする傍ら、親友堀見克礼《ほりみかつひろ》の父久庵《きゅうあん》から

『植学啓原《しょくがくけいげん》』という西洋植物学の解説書を借り、より新しい学問に触れたいという思いが強くなっていきます。

そして小学校の臨時教員を辞め、高知県の中心地である高知に遊学に出ます。まずは大川筋にあった五松《ごしょう》学舎《がくしゃ》という漢学塾に入りますが、新しい学問を求めていたのであまり興味を持てないでいたところ、コレラが流行り出したので、一度佐川に戻りました。コレラが落ち着いたころ、高知県師範学校（高知中学校とも？）の教員をしていた永沼《ながぬま》小一郎《こいちろう》を訪ねて欧米の植物学について知見を広めたことが、彼の学問としての植物学への興味に拍車をかけています。その後、小野蘭山の『重訂本草綱目啓蒙』も手に入れた牧野は、どんどん本が欲しくなってきて、東京への憧れを募らせていきます。

4 学問の盛んな佐川の教育が生んだ偉人たち

富太郎の故郷である佐川を江戸時代に治めたのは土佐藩の重臣だった深尾家です。1772年(明和9)に深尾家六代領主の茂澄《しげずみ》によって家塾、後に郷校となる名教館が設置されるなど、富太郎が生まれる一世紀近く前から学問を重視してきた故郷・佐川の風土は、富太郎の偉業にとってひとつの土台になっているのでしょう。

佐川は幕末から明治にかけて、富太郎の他にも多くの名士を輩出しています。維新の志士の一人で宮内大臣になり、富太郎にとっては窮乏の際に支援してくれた恩人でもある田中光顕《たなかみつあき》。板垣退助《いたがきたいすけ》の右腕として自由民権運動に参加し、官吏に戻った後は県知事を歴任した古沢滋《ふるさわしげる》。富太郎より数歳歳上で、東京帝国大学法科大学長を務めた法学者で中央大学の創立者の一人でもある土方寧《ひじかたやすし》は、田中光顕と同じく富太郎の窮乏に手を差し伸べています。札幌農学校教授や東大教授を歴任した、日本を代表する土木工学者の広井《ひろい》勇《いさみ》は富太郎と同い年で、佐川の代々の儒学者の家に生まれています。思春期の富太郎の友人だった黒岩恒《くろいわひさし》は教員として沖縄に赴任する傍ら博物学者としても活動し尖閣諸島の命名者になっており、同じく富太郎の友人の堀見克礼は大阪医科大学教授を務めています。

富太郎自身、東京に居を構える前は佐川で西洋科学の勉強会を主催していて、若い人たちがこぞって参加していたそうです。当時著名な地質学者だった小藤文次郎《ことうぶんじろう》やナウマンゾウの研究で有名な御雇外国人ナウマンが化石採集に訪れるなど化石の産地としても有名だったことも、若者たちの科学への関心にいい影響を与えていたのだろうと富太郎は考察しています。

何はともあれ、佐川の地には歴史的・風土的に学問を尊ぶ風土が根づいていたからこそ、思春期の富太郎もその天賦の才能を伸ばすことができたのではないでしょうか。しかし、やはりそこでは飽き足らない富太郎は、ついに上京を決意します。

5
初めての上京、東京の学者たちとの交際スタート

「明治14年［1881］4月、私は郷里佐川をあとに、文明開化の中心地東京へ向かって旅にでた。その頃、東京へ旅行することは、まるで外国へでもでかけるようなものであった。」（『草木とともに』）

岸屋の番頭だった佐枝竹蔵《さえだたけぞう》の息子・熊吉《くまきち》と、会計係の二人のお供を連れて、金銭的には何の不自由もない旅でさまざまな体験をしています。岸屋を切り盛りする祖母の浪子としてみれば、酒蔵の経営に興味を持たない富太郎に外の世界を見てもらうことで、気持ちを切り替えてもらう意図もあったのかもしれません。

当時は日本の各地で事業が勃興している時期でもあり、学問を身につけることと事業をやることが矛盾することではなく、学者こそが事業を行うべきという気風もあったことでしょう。ベストセラーとなった福沢諭吉の『学問のすゝめ』は、まさにそうしたことを薦めているのですから。

佐川から高知まで歩き、高知からは汽船に乗ります。まるで海外旅行のようだった経験の第一に、生まれて初めて乗った汽船で到着した神戸の山を見て、「雪が積もっている」と思ったことがあります。豊富な木々に覆われた高知周辺の山と違い、開発で木を伐りすぎた神戸の山のはげ山に気がつかなかったわけです。

牧野富太郎、初めての上京

神戸から京都までは汽車に乗り、さらに驚いたことと思います。四日市まで徒歩で移動し、そこからは再び船で横浜へ。ついにたどり着いた東京では、博覧会の見物や書籍、顕微鏡の購入に加えて、博物局を訪ねて植物とも関係深い学者らとも交流しています。

当時、第二回の内国勧業博覧会《ないこくかんぎょうはくらんかい》が、上野公園で催されていました。欧米で開催されている万国博覧会《ばんこくはくらんかい》に影響を受けた明治新政府が、先進国の仲間入りをすべく行った事業。富太郎にしてみたら、未来を見ているような衝撃だったのではないでしょうか。

さらに、少年時代に最も好奇心をひかれた「博物図」の刊行担当者（田中《たなか》芳男《よしお》・小野《おの》職愨《もとよし》）との出会いは富太郎の運命を決めたといえるかもしれません。一面識もなく、紹介者もなしに当時の一流の学者を訪問できる行動力には恐れ入るしかありません。この向こう見ずとも思えるバイタリティこそが彼の研究を支えたのでしょう。そして、チャンスをものにできる「何か」を持っていたのだと思います。

東京への旅行で刺激を受けた富太郎は、帰路も東海道を徒歩などで移動したり、伊吹山で植物を採集したりと、驚くべき行動力を発揮し、見聞を広めました。後に富太郎が植物採集で持ち歩いていた胴籃《どうらん》はまだなかったので、採った植物は紙の間に挟んだりして持ち帰ったとのことです。

祖母にしてみれば、刺激を受けて気持ちを切り替えてほしかったことでしょうが、かえって植物研究への思いが強くなってしまったようです。

ただ、植物にしか関心がなかったかというとそうでもなく、東京から佐川に帰郷すると、当時盛んであった自由民権運動にも大きく関わります。特に高知は自由党を結党した板垣退助の地元。富太郎も自由党員となり、地元では青年を対象とした「同盟会」を発足させています。ただ、政治ではなく学問に専念しようと決意し、自由党を脱退、同盟会も学術研究のみを目的とした組織になっていき、解散していきます。

政治活動から足を洗うと佐川を中心に土佐の国の植物の採集に明け暮れていましたが、2年ほど経つと「こんな佐川の山奥にいてはいけん」と思い立ち、学問をするために東京に居を構えることにしました。

この時住んだのは飯田町（現在の飯田橋付近）。日本大学を立ち上げた明治の高官、山田《やまだ》顕義《あきよし》の邸宅のほど近くだったようです。下宿代が月４円ということでしたが、この少し後の時期に始まった選挙で、選挙権を有する人の条件は直接国税納付額が年15円以上（納入の25歳以上の男子）で、日本の人口の１・１％程度だったことから考えると、年間48円の下宿代を払うことができるというのは相当な財力だったのではないでしょうか。

学問のために上京してきた若者は、たいていは学校に入って学ぶことを考えるのでしょう。当時、日本の国内に唯一あった「大学」は東京大学ですが、大学に入るには大学予備門（後の旧制第一高等学校）に入学し、語学などを学ぶ必要があります。地方から上京してきた若者の多くは、大学予備門に入るために私塾や英学塾で学んでいました。今でいう受験勉強ですね。しかし、富太郎は学校に入らずにいました。小学校を中退した時のように、集団で勉強することにある種の効率の悪さを感じたのかもしれませんね。

そのうちに東京大学の植物学教室を訪ねる機会を得ます。そこで矢田部《やたべ》良吉《りょうきち》、松村任三《まつむらじんぞう》たちといった教員たちに植物への熱意を気に入られ、小学校中退の学歴にもかかわらず富太郎の出入りが許されたのです。物好きな青年一人くらいいいても害はないだろう、と思ったのかもしれません。

再度の上京でも幸運は続いていますね。植物学教室での先生や学生らと切磋琢磨《せっさたくま》できたことは、彼の学問や研究を考えるうえで、欠かせません。

6

学歴はなくても植物分類をめぐって友人と切磋琢磨

「日本の植物学に、生理学、生態学を導入した功労者三好学《みよしまなぶ》博士は、サクラの博士としても名高いが、私と三好学とは、青年時代からの親友だった。……　三好はどちらかというと、もちもちした人づきの悪い男だったが、いたって気のいい男だった。」

「私は、明治26年〔1893〕に招かれて民間から入って同大学〔東大〕の助手となったが、それより前、明治17年以来、同教室の人々とは皆友達であった。その中でも、池野君とは、お互に隔てがなく、最も親しく交際した。」（いずれも『草木とともに』）

ここで名前が出ている三好学と池野成一郎《いけのせいいちろう》とは、東京大学の植物学教室で切磋琢磨した仲間です。こうした研究者同士の交流が、ある意味では富太郎の研究を下支えしてきたとも考えられないでしょうか。孤独な「学歴のない」学者というイメージはそれとして、研究は真にたった一人ではなかなか進まないものです。

研究について議論し、相談しあい、時にはライバル視する仲間の存在や、不得手を助けてくれる協力者の存在がなければ、いかに富太郎が超人的な情熱と体力を誇っていたとしても膨大な仕事を成し遂げることはできなかったでしょう。敵以上に味方に恵まれた研究者であったように思えます。

池野成一郎がまだ学生の頃のエピソードとして、青山練兵場の「ナンジャモンジャの木（本名はヒトツバタゴ）」の花を採集しようとしたものがあります。富太郎と池野は人力車夫一人を雇って3人で夜中の練兵場に忍び込

んで木の枝を折ってきたという話なのですが、見つかっていたら、大変なことになったのではないでしょうか。

ともあれ、そうした無茶をともに経験した仲間は、生涯にわたって富太郎が困った時に助けてくれることになったのです。

7

『植物学雑誌』発刊と『日本植物志図篇』をめぐって

「ある時市川《いちかわ》〔延次郎《えんじろう》、のち田中延次郎〕・染谷〔徳五郎《とくごろう》〕・私と三人で相談の結果、植物の雑誌を刊行しようということになった。原稿も出来、体裁も出来たので、一応矢田部〔良吉〕先生に諒解を求めて置かねばならんと思い、先生にこの旨を伝えた。その時矢田部先生がいうには、当時既に存在していた東京植物学会には、まだ機関誌がないから、この雑誌を学会の機関誌にしたいということであった。このようにして、明治20年〔１８８７〕私達の作った雑誌が、土台となり、矢田部さんの手がそれに加わり、『植物学雑誌』創刊号が発刊されることとなった。」

「『日本植物志』第1巻第1集が出たのは、明治21年11月であったが、当時大学の助教授であった松村任三先生は、私のこの出版を非常に讃め称えてくれ、私のために特に批評の筆をとられ、その中には、『余は今日只今、日本帝国内に、本邦植物図志を著すべき人は、牧野富太郎氏一人あるのみ』の句さえあった。」(いずれも『牧野富太郎自叙伝』)

これがどれだけ凄いか、伝わりますでしょうか。

「『無いから作ってしまおう』ということで雑誌を作りました。」と言ってしまえばそれまでなのですが、専門雑誌の創刊を個人的にやり遂げてしまうのは、今の時代であっても難しいことです。定期的に出せるのか、誰に書いてもらうべきか、頼んだからと言って本当に書いてくれるのか、それを周囲から研究業績として評価してもらえるのか、費用はどうするのか…。考えねばならないことは山のようにあります。

それを、個人でやるというのです。本当に並外れた業績なのです。

『植物学雑誌』は、日本有数の歴史を持つ学術雑誌として、現在でも日本植物学会が刊行しています（現在は『Journal of Plant Research』という雑誌名）。

そして、『日本植物志図篇』。こちらはなんと、日本中の植物を網羅し、分類して記すものです。すぐに終わることではありません。そこで、分冊百科として、分類したものから出していくプロジェクトを考えたのです。そのために自分で満足のいく図を作成し、それもできるだけ安くて良い出来栄えの印刷物を刊行したい。富太郎は、このために印刷技術を学ぼうと決意します。富太郎はその技術を身につけるため、石版印刷屋に出入りして学ぶことにしたのです。

『牧野富太郎自叙伝』でこう回想しています。

「私は当時（明治19年）東京に住む考えは持っていなかったので、やはり郷里に帰り、土佐で出版する考えであった。郷里で出版するには自身印刷の技術を心得ていなければいけんと思い、一年間神田《かんだ》錦町《にしきちょう》の小さな石版屋で石版印刷の技術を習得した。石版印刷の機械も一台購入し郷里へ送った。」

このような地道な努力を重ねる中で、多くの成果を生み出した富太郎。植物学教室を運営する矢田部、松村もその才覚を称えます。

しかし、その時期は長くは続きませんでした。蜜月の時期から、やがて富太郎が煙たい存在になってきます。学歴のない富太郎の歯に衣着せぬ発言もだんだんと腹立たしく感じたのかもしれません。

のんびりと裕福な家庭環境で育った富太郎には、縁遠い感覚だったのではないでしょうか。

8

植物標本と精密画・印刷へのこだわり

「精密ヲ要ス」「草木ノ博覧ヲ要ス」「当《マサ》ニ画図ヲ引クヲ学ブベシ」などという『赭鞭一撻《しゃべんいったつ》』（1881～82年の思いを書き付けたもの）の言葉通り、富太郎の植物写生図は非常に緻密です。

標本を採集する際も1本だけでなく、数本を取ってその内部まで丁寧に写し取っていたと伝えられています。絵心もあったのでしょうか。

彼が描く植物画は、花の内部やメシベの仕組み（断面図）までが美しいと高い評価が与えられています。その独特の描き方の手法は、葉や花の実のなる時期を見比べては何十株もの同種の植物を比較して、それらを総合した理想形を描いたものと考えられています。いかに手間暇をかけたかがうかがわれますね。

それらを印刷するために、自ら石版印刷の見習いを志願して無給で技術を学ぼうとしたくらいなのですから。

後年、図鑑類発行の際に、色付けがどうしてもうまくいかない時には彩色せずに発行したとも伝えられています。いかに厳密であったかを知ることができるエピソードですね（標本の作製を手伝わされたご家族や出版・印刷関係の方々はご苦労されたのではないでしょうか…）。

富太郎の植物画に対する並々ならぬ情熱は、富太郎が活動していた時期から約一世紀経った現在でも、『原色牧野日本植物図鑑』『牧野富太郎植物画集』といった本を通じて眼前にすることができます。歴史上の人物とも言える富太郎ですが、その業績は今でも色褪せません。

9 一目惚れから恋愛結婚へ

富太郎の旅は続きます。

「私は、いま病床によこたわって、過ぎし95年〔満年齢では94〕の歳月を静かに回想している。苦しかった想い出、悲しかった想い出、楽しかった想い出が、走馬燈のように脳裡を去来する。そしてこれらの数々の想い出が、みな一つに融けあって、懐しく想い起されるのである。」（『草木とともに』）

そう述べる富太郎のもっとも楽しかったこととして、小澤壽衛《おざわすえ》（壽衛子）との出会いがあります。飯田町の小川小路の道すじに菓子屋がありました。当時住んでいた三番町から大学に通う途中、店先に座っていた美しい娘を見そめて、好物の菓子を買うというより彼女を見たさに店へ通いつめたのです。

そして、石版印刷を習っていた石版屋の主人の太田義二《おおたよしじ》に頼み込んで、菓子屋の娘との縁談を進めてもらい、仕事場の東京大学からも程近い根岸に1888年（明治21）、2人は無事に所帯を持つことになりました。一目惚れが実り、ゴールインです。

二人の間にはお子さんは10人以上も産まれました。家計面など、家族には多くの迷惑をかけた富太郎ですが、不義については、筆者が調べた限りでは皆無です。なんとも富太郎らしいですね。

ただ、壽衛と出会う前、高知に残り実家の岸屋を手伝っていた従妹の娘

さんとおばあさんの薦めで交際していた（猶《なお》という名前で、許嫁のような存在。最初の妻だという説も。後に番頭さんと結婚しています）ことはあったようです。自叙伝で「恋女房」という言葉を使っていることに、嘘はなかったのだと思います。

そして、結婚を励みに、富太郎はさらに仕事にのめりこんでいきます。地元・高知県で珍しい植物を見つけていたのですが、後にこれは新種であることがわかり、彼はこの植物に「ヤマトグサ」と名付けました。富太郎はこれを１８８９年（明治22）に『植物学雑誌』で発表しました。日本の学術雑誌で日本固有種の植物に学名が付けられたのは、これが初めてのことなのです。

その翌年、１８９０年には、江戸川の河川敷で珍しい水草を見つけます。どうやら、水中の虫をつかまえて栄養にしているようです。富太郎はこれに「ムジナモ」という和名をつけて発表しました。当時、この水草についてはわかっていないことも多かったので、富太郎の調査は非常に画期的だったのです。

しかし、その発表が素晴らしすぎたことが、悲劇に繋がってしまいます。

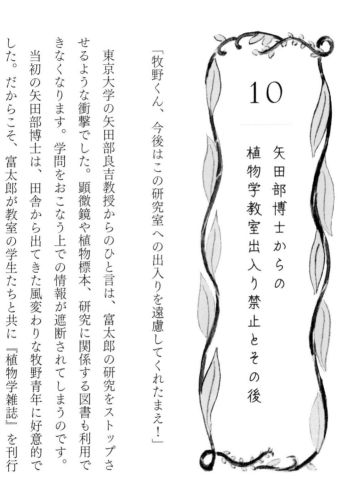

10 矢田部博士からの植物学教室出入り禁止とその後

「牧野くん、今後はこの研究室への出入りを遠慮してくれたまえ！」

東京大学の矢田部良吉教授からのひと言は、富太郎の研究をストップさせるような衝撃でした。顕微鏡や植物標本、研究に関係する図書も利用できなくなります。学問をおこなう上での情報が遮断されてしまうのです。

当初の矢田部博士は、田舎から出てきた風変わりな牧野青年に好意的でした。だからこそ、富太郎が教室の学生たちと共に『植物学雑誌』を刊行した際、これを「学会誌にしよう」と提案しさえしたのです。

ところが、彼は大学の研究室を私物化して散らかす上、学問業績まであげ始めてくるとうっとうしい邪魔な存在だと感じ始めたようでした。ただ、教授としての矢田部の性格にもいろいろ問題があったようで、のちに大学当局から教授職を罷免され、高等師範学校の校長に転職しています。


恩師である矢田部からの妨害に、それでも富太郎はひるみませんでした。後に昭和天皇に帝王学を教えることになる政治思想家の杉浦重剛《すぎうらじゅうごう》や、東京帝国大学理科大学長を務めた菊池《きくち》大麓《だいろく》に援護の論陣を頼むなど、はっきりと抵抗します。さらには以前から、富太郎が発見した新種の植物の学名を決めてもらうなど文通を通して私淑《ししゅく》していたマキシモビッチというロシアの植物学者を頼って、留学する方法を思いつきます。しかし、残念ながら、マキシモビッチの突然の死によって留学の計画は頓挫してしまいます。

教室を追われてしまった富太郎。長く生活を支えてくれた祖母はすでに亡くなっていました。豊かだった実家ですが、財産を食いつぶしてしまっていて、清算しなければならなくなりました。そのため佐川に帰郷することになったのですが、そこで新聞記者の誘いを受けて高知で音楽会を開催したりしていて、また散財してしまいました。

行き当たりばったりといえば、そうなのかもしれません。ただ、学問には財産を使い尽くすことになった富太郎ですが、それ以外の場面では遊び呆けて家を潰す、いわゆる「放蕩《ほうとう》息子」ではなかったと思います。非常に一途な性格だったのでしょう。酒蔵の息子なのに、酒は全く飲まなかったそうです。とにかくひたむきに努力をし続けました。絶望しないのが富太郎の強さなのでしょう。次の幸運が訪れます。先述のように矢田部が教授職を追われ、松村が教授に就任することになり、ついに助手として迎えられることになったのです。

この知らせを受けた時、富太郎は先に述べた家財整理のため佐川にいたので返事をはぐらかしていました。しかし、東京に置いてきた娘の園子が死んだという知らせを受けて東京に戻ることになり、改めて問い合わせると助手の話はまだ生きていたので、就任することにしました。月給15円と少額ではありましたが、大学の正規のポジションを得ることに成功したことは大きな立場の変化でした。

とはいえ、やはり月給15円だけで生活していくのはなかなか大変です。先にも触れた同郷の土方寧が、富太郎のことを気にかけて帝大総長・浜尾新《はまおあらた》に富太郎のことを紹介してくれたのでした。浜尾は、大学のプロジェクトとして『大日本植物志』を出版することにして、富太郎にその仕事を一任し、その給料を特別に出すことにしてくれたのです。富太郎はこれに感激して、仕事にますます励みました。

しかし、人の嫉妬は連鎖するもの。矢田部の次は松村が富太郎に嫉妬するようになったのです。何かにつけて『大日本植物志』の出版を邪魔するようになり、結局第４集まで出してこの企画はとん挫してしまいました。

そのうちに富太郎に目をかけてくれた東京帝国大学理科大学学長の箕《み》作《つくり》佳《か》吉《きち》に替わって、新たに富太郎をあまり知らない桜《さくら》井《い》錠《じょう》二《じ》が学長に就任しました。松村は桜井学長に談判し、富太郎を罷免してしまいます。この間、千葉の県立園芸専門学校で臨時の講師をしたり、東京植物同好会を設立したりして何とか食いつなぎます。

結局、この時も助けてくれたのは研究仲間でした。矢《や》部《べ》吉禎《よしただ》、服部《はっとり》広《ひろ》太《た》郎《ろう》の活動により富太郎は助手より給料の高い講師として復職することができたのです。

11

困窮する富太郎を支えた愛妻

寿衛

「吝財者《りんざい》ハ植〔物〕学者タルヲ得ズ」という言葉をはじめ、『赭鞭一撻《しゃべんいったつ》』という富太郎の手記には彼の若き日の学問を志そうとする強い決意が込められています。中には現在でも通用するものも含まれています。

とはいえ、佐川の造り酒屋・岸屋という実家の財政が申し分ない時期はそうそう続かないものです。学問に取り組む際に、お金は確かに必要ではあるものの、富太郎の場合、あまりにも浪費が過ぎたのではないでしょうか。

晩年の富太郎を支えた次女の鶴代さんは、「だんだん生活が苦しくなってからは、床屋さんへも参りませず、髪は延ばしほうだい。着物なども、木綿の黒紋付の羽織を着ておりましたこともあり、それがいつしか羊羹《ようかん》色になってしまっているのを私はよく覚えております。……研究中というものは、一切身なり服装にもかまわず、専心的にやっておりました。」（『牧野富太郎自叙伝』に収録「父の素顔」から）と回想しています。

何人かの実業家らの経済的な援助で当座はしのげても、学問に取り組む時の富太郎には根本的に質素倹約の観念が欠けていたようです。

結婚前の壽衛は富太郎の気質に気がつかなかったのでしょうか。経済的な困窮の中で彼女は「まるで道楽息子を一人抱えているようだ」と冗談を言いつつも、ある時には渋谷の荒木山（現在の円山町）で「待合《まちあい》」を経営して、自分でも収入を得て家計を助けようとします。

「待合」とは、店舗を構えて、そこに舞妓や芸妓を呼び、仕出し屋から

料理をとって宴席を設ける場所です。ただ、その実態は、高級料亭のようなところから連れ込み宿のようなところまで幅があったようで、この店がどういう経営をされていたのか、今となっては知る由もありません。いずれにしても、当時考えられていた大学教員のイメージとの乖離は大きかったことは想像に難くありません。

そして、東京帝国大学講師（先生）である富太郎が、「待合」を経営するのはおかしいと苦情が寄せられるようになりました。

結局、壽衛は店をたたむことにしました。

たくさんの子どもたちを抱えて、借金取りに言い訳やお詫びをしたり、ついにはたびたび転居という名の「夜逃げ」をせざるをえなかった壽衛。彼女の苦労は、察してあまりあります。

妻の苦労を、富太郎はどのくらいわかっていたのでしょうか。今とは価値観も異なる時代とはいえ、そのことに思いを馳せざるをえません。

12

膨大で貴重な採集品と経済的援助

「跋渉《ばっしょう》ノ労ヲ厭《いと》ウ勿《なか》レ」とか、

「何よりも貴き宝持つ身には、富も誉れも願わざりけり」と唱えているように、富太郎にとって採集した標本は何物にも代えがたい大切なものですが、その所在は何人かの経済的な援助者との関係を調べてみないとわからない点があります。

研究に浪費する性分や多くの子どもの養育、長年助手に据え置かれ俸給が上がらなかったこともあり、富太郎はいつも借金に追われていました。ようやく講師になったものの1916年（大正5）には『植物研究雑誌』と

いう新雑誌も創刊したので、またお金がなくなってしまいました。

何より大事な標本を海外に売ってしまわなければならないほどいよいよ首が回らなくなった際、国内の篤志家《とくしか》から援助を受けることになり窮状を免れ、代わりに標本を譲ることになります。


最初に標本を譲られたのは神戸の資産家で当時京都帝国大学の学生だった池長孟《いけながはじめ》です。彼は、富太郎の借金返済を肩代わりするとともに毎月の経済的援助もする代わりに、預かった標本を集めて標本館建設を構想しています。1918年（大正7）には神戸の会下山に池長植物研究所ができ、標本が大量に研究所に送られたものの、牧野の多忙や池長家との行き違いにより、標本は整理されないまま放置されることになってしまいました。

二十余年の後、華道家元の安達潮花《あだちちょうか》が標本整理所（評品館）の建設を援助します。これによって池長から標本は返還され、牧野家の敷地内に牧野植物標品館が建設されました。富太郎の死後、残されていた標本は東京都立大学（一時期の首都大学東京）が整理を行い、現在は南大沢のキャンパス内に牧野標本館があります。

借金に関しては、富太郎の浪費癖などから何度も繰り返されています。同じ図書でも、改訂されるごとに新しく買ったそうです。植物学だけに留まらず、天文学や地質学をはじめ各方面の本を買い漁っていたそうですから、お金も置き場所もいくらあっても足りなかったことでしょう。

高知の実家処分後は、経済困窮で、妻や家族を困らせています。同郷の佐川出身で東大法科大学長も務めた土方寧氏の大学での援助や、やはり佐川出身の維新志士で明治政府の元老・田中光顕の口添えなどもあって、なんとかかんとか乗り切ってはいますが、周りは本当に大変だったのではないでしょうか。

アメリカ合衆国のカーネギー財団に手紙を送って不調に終わったこともありました。三菱財閥や中村春二《なかむらはるじ》（成蹊学園の創設者）のほか、時々の理科大学長（現在の理学部長）、東大総長や新聞社の記者らも心配してさまざまな形での援助をおこなってくれています。周りに恵まれていると言っても良いでしょうか。

東大総長の浜尾新は、先述のように富太郎に仕事を発注し、それで富太郎の生活は安定するかに思えたのですが、教授の松村からは疎まれる結果を招いてしまったともいえます。

また、東京朝日新聞の渡辺《わたなべ》忠吾《ちゅうご》が富太郎の窮状を訴える記事を書き、グループ会社の大阪朝日新聞が転載したことで、先にご紹介した池長孟と繋がりました。当時の大阪財界の力は大きかったようで、大阪は「東洋のマンチェスター」と呼ばれており、関西在住の経営者には文化人を応援する余力があったのかもしれません。

13

植物好きの子どもたちとの交流と笑顔

「あなた〔中村浩〕は相変わらずお元気で毎日勉強のこととお喜び申し上げます。ダーウィンの著書『種の起源』その他を読まれておいた方がよいと思います。植物をやる上に為になるヒントが得られます。夏休みにはどこへお出掛けになりますか、……　そのうち是非一度お伺いします。牧野富太郎」（昭和2年〔1927〕6月22日、渋谷の自宅より）

「わたくし〔中村浩〕は小学入学のころから、植物が大好きで、採集に熱中していました。……　わたくしはこの顕微鏡でそこらのものをやたらにのぞいて大喜びでした。そこに、牧野博士があらわれたのですから、わたくしは全く幸運児でした。庭の草からはじまって、近所の野原の植物、東京近郊の植物、筑波山、箱根、日光の植物というように、博士の教えを受けて、しだいに植物の知識を広めていきました。牧野先生は、いつも親切に植物の名前を教えてくれたり採集につれていってくれたりしました。」と、後年、中村浩《なかむらひろし》（成蹊学園創設者で、富太郎のパトロンの一人でもあった中村春二の息子）は著書『牧野富太郎』の中で語っています。

成長した中村浩さんは、富太郎が設立した東京植物同好会に入会。さらに東京帝国大学理学部植物学科に入学して富太郎の教えを受けて植物学者となっています。そもそも中村浩の父である中村春二とは、春二が経営していた成蹊高等女学校の生徒に富太郎が植物採集の指導をした際、拠点にしていた宿で意気投合して懇意になっています。

自身の植物学への興味のみならず、少年・少女との交流を通じて植物学の魅力を伝えることにも熱心だったことが伺えるエピソードです。娘の鶴

代さんが言うには、植物の採集会ではいつもユーモラスなことを言って会員を笑わせていたそうです。きっと草木にだけではなく子どもたちに対しても温かく声をかけていたのでしょうね。

14

スエコザサ

「昭和3年［1928］2月23日、55歳で壽衛子は永眠した。病原不明の死だった。病原不明では治療のしようもなかった」（『牧野富太郎自叙伝』）

関東大震災の後、富太郎は長年の借家生活を終え、東大泉に居を構えました。その際、場所選びやら一切を壽衛が担ったようです。しかし、壽衛には時間が残されておらず、転居から2年足らずでこの世を去りました。

富太郎は、標本を「標品」と呼んで、何よりも大切に取り扱っていました。収集先から大量に送られてくる「標品」を新聞紙で乾燥させる作業は自宅にいる妻子の仕事でした。その妻はもういない。ぽっかり空いた心の空白を富太郎は、どう埋めていったのでしょうか。

二人が結婚生活を始めた根岸の借家からも程近い谷中・天王寺に建てた壽衛の墓碑に、富太郎は次のような2句を詠み刻んでいます。

家守りし妻の恵みやわが学び　世の中のあらん限りやスエコ笹

病院での治療費が支払えずに、ベッドから追い出されそうになっている重体の妻に対して、仙台で発見した新種の笹に「スエコザサ」と命名したうえ、「ササ・スエコヤナ」という学名を付けて発表することで、せめてもの罪滅ぼしをしようと考えたのでしょうか。壽衛が亡くなった時、富太郎は壽衛の亡骸に深々と頭を下げ、感謝の意を示しました。

富太郎が、植物研究にほぼ生涯身をささげられたのは、壽衛の内助の功によります。我が道を邁進してきた富太郎にとって、彼女こそ唯一無二の存在、人生のほぼすべてを捧げた植物以上の存在だったのではないでしょうか。

15

理学博士・日本学士院会員・文化勲章への路

「私はむしろ学位など無くて、学位のある人と同じ仕事をしながら、これと対抗して相撲をとるところにこそ愉快はあるのだと思っている。」(『牧野富太郎自叙伝』)

富太郎は、自叙伝にこのように書いています。

また、1939年(昭和14)に約55年通った東京帝国大学植物学教室を77歳で去る時には、その心境を「ながく住みし　かびの古屋をあとにして気の清む野辺にわれは呼吸《いき》せむ」と、歌に詠んでいるのです。たしかに、当時付いていた日本の植物の学名6000のうち約四分の一を命名したとも言われる彼の業績に比べて、彼が学内で受けてきた評価は明らかに低いように見えます。時代の過渡期に育ったがゆえに正規の教育課程を経なかったということもあったのでしょうし、大学内のパワーバランスによるところもあったのでしょう。

1893年（明治26）帝国大学助手に採用、1912年に講師に昇格。その役職のまま27年間留め置かれています。1927年（昭和2）に65歳にしてようやく理学博士号を取得しています（その翌年、妻の壽衛が亡くなります）。その後、1937年に朝日文化賞。戦後になって1948年、昭和天皇に招かれ、植物学の講義をします。1950年に日本学士院の会員に任命、1951年文化功労者、1953年東京都名誉都民、さらに死後の1957年に文化勲章を受章しています。

自分の評価を気にしない富太郎のこととはいえ、評価をされたのはかなりの晩年になってからだったようです。富太郎自身は、学歴の有無や他人からの評価などより、純粋に植物が大好きでした。そして、それらの一つひとつに名前を付けてあげることが生きがいだったのではないでしょうか。そのような無欲な研究者の姿に、心ある学者は陰ながら応援していたのではないかと推察します。

東大を辞した後も富太郎は怪我や病にも打ち勝ち続け、90歳を過ぎてから病で寝たきりになるまで、植物学者として精力的に活動しています。東大を退官した翌年の1940年には『牧野日本植物図鑑』を刊行。日本の植物学者の知を集め、本格的な図鑑を刊行します。学校図書館には、現在でも『牧野植物図鑑』がほぼ架蔵されていますが、今に繋がる仕事を退官後にも挑んでいたのです（もともと富太郎の図鑑自体は1925年の『日本植物図鑑』を出したのが最初です）。

その翌年、1941年には南満州鉄道株式会社に招待され、当時満州国だった現在の中国吉林省まで赴いてヤマザクラをはじめ現地の植物を徹夜で研究しています。

富太郎はそれ以前にも当時日本領だった台湾には行ったことがありましたが、当時の満州も事実上日本の支配下にあったとは言え富太郎にとってこれが初めての海外だったそうです。

16

研究者・富太郎の学問信条

「わが日本の植物各種を極めて綿密に且つ正確に記載し、これを公刊して書物となし、世界の各国へ出し大いに日本人の手腕を示して、日本の学術を弘く顕揚し、且つ学界へ対して極めて重要な貢献をなし得べきものを準備するにある。……日本人はこの位仕事をするぞと誇示するに足るものを作らねばならん。」(『牧野富太郎自叙伝』)

94歳で亡くなる直前まで、ほぼ生涯を通して現役の植物学者でいられたのは、この気概ゆえではないでしょうか。

「土佐っぽ」と呼ぶ人もいるかもしれません。幕末生まれの「国難」という時代感覚を持っていたともいえるかもしれません。いずれにしても、逆境を乗り越え、長生きしたからこそ偉大な業績につながっているのでしょうか（余談ですが筆者の母も95歳で、本当に元気です。それだけでも素晴らしいことだと思います）。

富太郎は、「ヤマトグサ」をはじめとして、新種や新変種・品種１５０0種以上の日本の植物に命名しています。そのため、採集した標本も40万点に及んでいます。

日本社会では長らく、一つのことにここまで打ち込むことは、「オタク」と呼ばれたりして、評価はきわめて低かったように思います。いわば、同調圧力が多くの才能を潰してきたのではないでしょうか。もちろん、富太郎の探究の背後で壽衛をはじめ家族の苦労があったことを考えると、没入が過ぎることを手放しで礼賛できなくもあり、立場によって見え方が違ってくる話なのだとは思います。それでも、牧野が没入したからこそ、これだけの成果ができたという事実には、変わりはないのです。

最近は傑出した知的能力を持った人を「ギフテッド」と呼んで評価する向きもありますが、その才能を伸ばせる教育は整っていないようです。富太郎の死後60年以上たっても、まだまだ十分に理解が進んでいるとは言えないでしょう。

17 ユニークな提言と植物学の日（4月24日）

「東京全市を桜の花で埋め尽くそう」「花菖蒲《しょうぶ》の一大園をひらくべし」「熱海にサボテン公園を造るべし」など、富太郎は自らの「草木に愛を持つことが人間愛を養うことにつながる」との独自の視点からの考えから、数々の提案をしています。

予算などを無視して、構想するところが富太郎らしいですね。中には、現在でも通用するような計画もありそうです。

その一方で、ジャガイモを「馬鈴薯《ばれいしょ》」と呼ぶ命名は間違った呼称だからやめるべきであるなどと、先学の命名法に対しても遠慮せず苦言を呈しています。

彼の幅広く奥深い知識と経験のたまものともいえるのではないでしょうか。

その他、長年の功績をたたえる意味もこめてか、「日本植物学の父・牧野富太郎」の誕生日を「植物学の日」と定めています（ちなみに、筆者は翌日の4月25日が誕生日です）。

18

私は草木の精

「私は植物の愛人としてこの世に生まれ［て］来たように感じます。あるいは草木の精かも知れんと自分で自分を疑います。……しかしその好きになった動機というものは実のところそこに何もありません。つまり生まれながらに好きであったのです。」（『牧野富太郎自叙伝』）

晩年の回想をしていますと、このような発言にはあることなのでしょうが、周囲の人々の温かい援助や理解があったことをわたしたちは、知っています。

少年期から青年期のおばあさん（浪子）の優しい保護と経済的な援助がありました。

豊かな造り酒屋兼小間物屋の収入がまず彼を支えていました。その後、上京中は東京大学の植物学教室をはじめとする学者・学生らの協力も忘れられません。富太郎の師匠や弟子についても彼をめぐる数々のおもしろいエピソードがあります。


日本中の山という山を歩き、80歳を越えても徹夜で標本作業をしていたように富太郎は超人的な活動量を誇りましたが、それでも一人で達成できることには限りがあります。

高知で教員の傍ら植物の採集をしていた同郷の後輩植物学者吉永虎馬《よしながとらま》や、やはり同郷の友人で、沖縄で教員の傍ら博物学者としても活動し、尖閣諸島の命名者になった黒岩恒《くろいわひさし》をはじめ、全国の協力者から送られた標本も富太郎の研究を支えたのです。

そして、結婚後は自ら「待合」を切り盛りして稼ぐだけでなく、標本の整理や家事、大勢の子どもの世話など獅子奮迅の活躍をした壽衛の内助の功は筆舌に尽くしがたいものがあります。このあたりは、涙なしには語れません。

壽衛の死後は次女の鶴代さんが支えておられたようです。鶴代さんは最末期の看病や死後の『牧野富太郎選集』刊行にも尽力されたことからも、富太郎の偉業がいかに家族に支えられたものだったかよくわかります。

偉大な人物を支えた人たちのことも少しでも考えていただけるとありがたいです。そのため、第2章の「牧野富太郎をとりまく人々」については、詳しく書かせていただきました。こちらも、興味や関心をお持ちいただいた人物だけでも拾い読みしていただけると嬉しいです。

19 旅を終えて

場面は、再び富太郎の家へ。

アイスクリームを食べ終えた富太郎は、これまでの94年を振り返る旅から戻ってきて、ふうっと一息をつきました。病の床に就いてからも、多くの人が富太郎を慕って訪ねてきてくれました。最近では、郷里の高知に植物園を開く計画が立ち上がるなど、富太郎が実現したかった夢が少しずつ具体化していくのがわかります。でも、完成したその場を自分で観ることはできないだろうことは、富太郎自身も気づいていたのかもしれません。

そうであったとしても、自分一人の力では実現できないことが、多くの応援者、弟子、ファンの力によって実現していくことに、思いを馳せていたのではないでしょうか。富太郎自身の旅は終わりに近づいていても、富太郎が見た夢の旅は続いていく。その夢は、次の時代を生きる人たちが紡いでいってくれるのだと。

病に倒れながらもその都度甦ってきた富太郎も、今回ばかりは打ち勝つことができませんでした。1956年（昭和31）の年末を越し、1957年の1月18日、牧野富太郎は静かにその94年の生涯を終えました。

壽衛が見つけ、その没後も富太郎が暮らし続けた東京・東大泉の家の跡地は、今は牧野記念庭園として一般に開放されています。もちろん、この場所でスエコザサは今も生き続けています。

第2章

牧野富太郎をとりまく人々

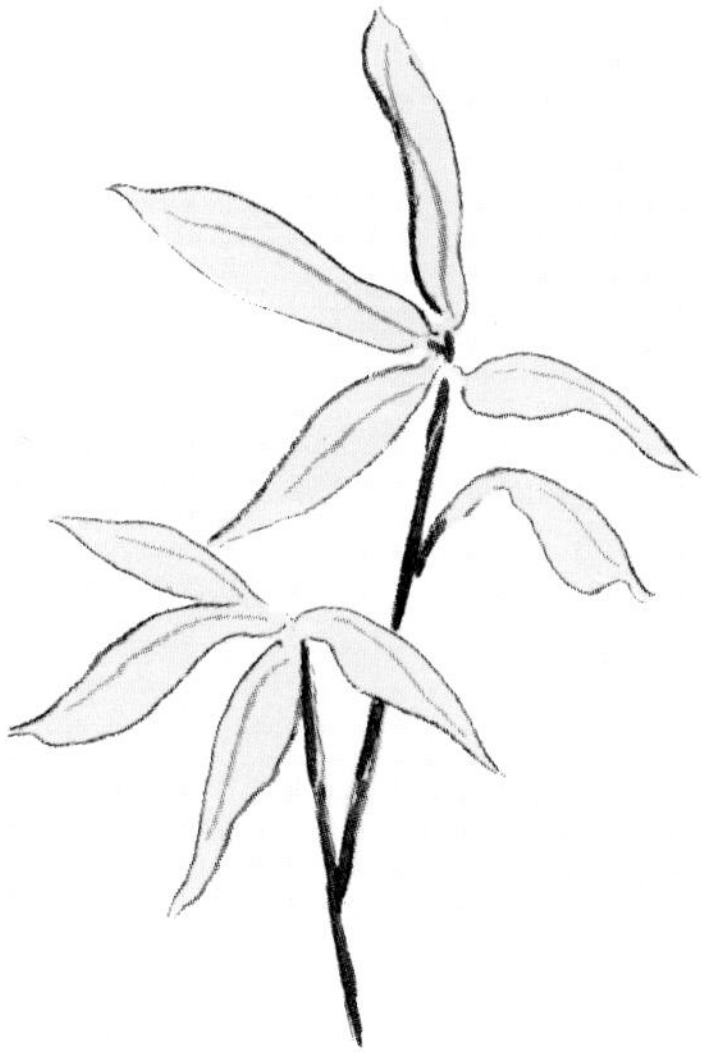

1 家族

牧野浪子［まきの・なみこ］（祖母）（　～1887）／**小左衛門**［こざえもん］（祖父）（　～1868）／**佐平**［さへい］（父）（　～1865）／**久壽**［くす］（母）（　～1867）

富太郎の生家は「岸屋」の屋号で造り酒屋と雑貨店を営んでおり、佐川の町の中では上流階級の旧家だった。

父・佐平は親類筋からの養子で、母・久壽が岸屋の娘。佐平、久壽は共に30代の若さで病死しており、富太郎は両親の顔を覚えていないという。両親の没後祖父・小左衛門もすぐに亡くなり、一人息子だった富太郎に残された家族は祖母・浪子だけになった（ただし母の久壽は祖父の前妻の子で、浪子と富太郎に血の繋がりはない）。

富太郎は生まれた直後から隣村から来た乳母《うば》に育てられたが、その後は祖母が自ら育てている。浪子は店の采配を振るい、よくできた番頭もいたため、商売そのものは繁盛していたという。

富太郎が家業を継がず、資産を植物研究につぎ込むことを許した祖母・浪子は富太郎が25歳の時に亡くなっている。

牧野壽衛〔まきの・すえ〕〔通称寿衛子〕

1873～1928

富太郎の妻。なお、壽衛との結婚前にも、富太郎は自身の従妹にあたり生家・岸屋を手伝っていた猶と許嫁《いいなずけ》、または婚姻関係にあったとされている。

壽衛は井伊家家臣小澤一政と京都出身の母の間に、東京・飯田町に生まれ育った。父が亡くなった後、家は困窮し、母親は飯田町で小さなお菓子屋を営んでいた。本郷の帝国大学への通り道にあったお菓子屋で富太郎は壽衛を見初め、本郷にほど近い根岸の借家で同棲生活を開始する。

結婚して程なく富太郎は大学の助手になったが給料は安く、二人の間には10人以上の子どもができ生活費もかさみ、また学問のために浪費する富太郎の性癖がたたり、牧野家はいつも貧乏をしていた。借金取りの応対を壽衛にまかせ、自身は研究に没頭していた富太郎に、壽衛は冗談めかして「道楽息子を一人抱えているようだ」と言っていたと富太郎は回想している。壽衛は家計のために、ある時期には渋谷で待合を経営したこともあり、富太郎は周りから「大学の先生のくせに待合をやるとはけしからん」と悪口を言われたという。

関東大震災を機に、壽衛は都心の借家ではなく郊外に持ち家を作ることを提案し、東大泉の雑木林（現在は大泉学園駅周辺）に一軒家（現在は牧野記念庭園）を建てたが、引っ越しからまもなく壽衛は原因不明の病に倒れ、そのまま他界。

富太郎は壽衛の墓碑に
「家守りし妻の恵みやわが学び」
「世の中のあらん限りやスエコ笹」
の句を刻んでおり、また当時発見した新種の笹に「スエコザサ」と妻の名前を付けている。

牧野鶴代〔まきの・つるよ〕

富太郎の次女で、母・壽衛の没後に富太郎の研究と生活を支えた。『牧野富太郎選集』などを出版した他、『牧野富太郎自叙伝』には「父の素顔」と題した鶴代によるエッセイが収録されており、娘から見た富太郎の人となりや、鶴代の子どもの頃の思い出、鶴代の執筆当時は晩年で病に伏せていた富太郎の近況などが描かれている。

富太郎が生まれて初めて海外に出たのは1941年（昭和16）、南満州鉄道からの依頼で吉林にヤマザクラを中心にした植物の研究に行ったことによる。この時にも鶴代は富太郎について満州に同行しており、「植物も多少日本と違うものですから、……とても喜んで、……飛びつくようでした。」と富太郎の姿を回想している。

2 佐川の人々

伊藤蘭林［いとう・らんりん］

1815〜1895

儒学者。「蘭林」は号で、名は徳裕《のりひろ》。佐川領主深尾家の家臣伊藤徳正《のりまさ》の子で、幼少期は佐川の郷校である名教館《めいこうかん》に学ぶ。名教館では富太郎の学友・広井勇の曾祖父である儒学者の広井遊冥《ゆうめい》に師事している。

深尾家に仕えた後は名教館の教授になり、後の宮内大臣・田中光顕をはじめ佐川が輩出した多くの名士を門下に持った。

明治維新後の廃藩置県によって名教館が一時期廃止されると、伊藤は自身の寺子屋で教えるようになった。幼少期の富太郎は、伊藤の寺子屋で四書五経といった儒学や算術、習字を学んでいる。富太郎は、「当時の寺子屋にはまだ士族と町人の区別があり、士族の子弟は町人の子弟より上座に座っていた」と回想している。

田中光顕〔たなか・みつあき〕

1843〜1939

維新志士で、明治以降は政府の要職を歴任した政治家。名教館で学び、後に武市半平太に師事し、土佐勤王党に参加。元同志で同じく土佐藩を脱藩した中岡慎太郎らと共に薩長同盟の成立に尽力したほか、中岡の死後は陸援隊を統率した。明治政府では陸軍少将、内閣書記官長、警視総監、学習院院長、宮内大臣を歴任した。

富太郎にとって、20歳近く歳上の郷土の名士であるだけでなく、幼少期に師事した伊藤蘭林門下および名教館の先輩にもあたる。

帝国大学助手になった直後の富太郎が借金苦に喘いでいた時、三菱・岩崎家を紹介し借金の肩代わりをするよう取り計らっている。

田中光顕

古沢滋［ふるさわ・しげる］

1847
〜
1911

自由民権運動家。初称は迂郎《うろう》。名教館で学び、土佐勤王党に加入して尊王攘夷運動に関わるが、田中光顕に次ぐ脱藩を恐れた藩により投獄された。明治になって官費留学生としてイギリスに留学して政治、経済を学ぶ。帰国後は板垣退助の愛国公党に参加、自由民権運動の口火を切った1874

年（明治7）発表の「民撰議院設立建白書」の草案を小室信夫《こむろしのぶ》と共にとりまとめた。

1881年には板垣率いる自由党の別働隊である日本立憲政党の結党に参加。毎日新聞大阪本社の前身の大阪日報を買収、主筆に就く。自由党解党後は、奈良、石川、山口県知事を歴任。貴族院議員も務めた。

富太郎の郷里・土佐は、板垣退助を輩出したこともあり「自由は土佐の山間から出る」といわれるほど自由党が盛んな地域で、富太郎自身も例に漏れず青年期は熱心な自由党員だった。しかし政治ではなく学問の道で国に貢献することを使命と考えた富太郎は、学問のために東京に居を移す前に円満に脱退。自由党の懇親会で出し物のような脱退演説をして足を洗ったという。

古沢滋

黒岩恒［くろいわ・ひさし］

1858〜1930

教育者、博物学者で、尖閣諸島の命名者としても知られる。富太郎の幼なじみでもあり、富太郎が18歳の時には一緒に案内人無しで愛媛県石鎚山を登山している。

当初は高知県内で教鞭をとっていたが、1892年（明治25）から沖縄に移住、教師業のかたわら沖縄の動植物を採集した。黒岩が富太郎に送った沖縄の植物標本は「黒岩恒氏採集琉球植物」という研究論文にまとめられ、黒岩自身の名前が和名になっている「クロイワザサ」を初めいくつかが新種として発表された。

土方寧〔ひじかた・やすし〕

1859〜1939

法学者。富太郎と同じく幼少期は名教館に学び、東京大学法学部卒業後、イギリスに留学。法科大学長を経て、貴族院議員も務めた。現在の中央大学の前身である英吉利《イギリス》法律学校（後に東京法学院大学）の創立者のひとりでもある。

東京法学院大学で「相撲興行中は休講にします」と休講通知を出し大問題になった他、ことある毎に自分の講義を休もうとしたり、「自分は授業に毎回三〇分遅れてくる」と学生に宣言したといった逸話が残っている。

同郷の先輩である土方は、東京帝国大学助手になった直後の富太郎の貧窮に助け船を出し、当時の東京帝大総長・浜尾新を富太郎に紹介して、給料増額の相談をしている。結果、給与の増額はかなわなかったものの、代わりに富太郎は『大日本植物志』の編纂という新たな仕事を得るに至った。

広井勇〔ひろい・いさみ〕

1862〜1928

土木工学者。富太郎と同じ年、同じ佐川の儒学者の家系に生まれる。曾祖父の広井遊冥《ゆうめい》は佐川の郷校・名教館の著名な教授で、富太郎と勇にとって幼少期の寺子屋の先生だった伊藤蘭林も遊冥の教え子。

東京外国語学校、工部大学校予科で学んだ後、16歳からは札幌農学校で内村鑑三、新渡戸稲造らの同期として学び、卒業後は鉄道技師として働いた後アメリカおよびドイツに留学し、帰国後に母校・札幌農学校の教授に就任。1899年に東京帝国大学教授に就任したほか、土木学会の発起人の一人でもある。

堀見克礼［ほりみ・かつひろ］

1867〜1932

富太郎が小学校の臨時教員を辞め高知に遊学、すぐに佐川に戻ってきた時期に交友のあった5歳年下の親友で大阪医科大学教授。

富太郎の知人の医者が持っていた江戸時代の植物学の本『本草綱目啓蒙』を、富太郎が自身の手元に置きたいと思って入手可能だった重訂版を取り寄せた際、堀見がその入荷を知らせに来てくれたことを思い出として書き記している。『重訂本草綱目啓蒙』は当時野山で植物採集に明け暮れていた富太郎にとって、貴重な座学の教科書だった。

吉永虎馬〔よしなが・とらま〕

1871〜1946

教育者、植物学者。佐川小学校や高知県立第一中学校の教員を経て、旧制高知高等学校教授。高知県内で植物採集に従事。特に菌類、苔類を専門とし、サカワヤスデゴケやミカンゴケなどを発見した。少年時代から高知県内の各地で植物採集をし、高等植物の同定では郷土の先輩である富太郎を頼るなど親交があった。

3 高知の人々

板垣退助［いたがき・たいすけ］

1837〜1919

板垣退助

土佐藩出身の武士、政治家で明治維新の元勲。征韓論で敗北して下野した後、「民撰議院設立建白書」を政府に提出。自由民権運動の指導者となり自由党を結党した。とりわけ地元高知での影響力は大きく、富太郎も自由民権運動に大きく関わっていた。

永沼小一郎［ながぬま・こいちろう］

（生没年不詳）

富太郎が小学校の臨時教員の職を辞し、高知に遊学していた時に知り合った、高知県師範学校（高知中学校との説もあり、はっきりしない）の教員で、丹後・舞鶴出身とのこと。植物だけでなく、化学・物理や仏教にも詳しく、語学も堪能で植物学の洋書を自分で訳していたという。

富太郎は高知では弘田正郎の五松学舎という漢学塾に入ったが、あまり通わず、高知ではもっぱら懇意になった永沼から植物学の座学を学び、代わりに永沼には植物に関する自身のフィールドワーク経験を教えていたという。富太郎は、自分の植物学の知識は永沼に負うところが大きいと語っている。

4 富太郎に影響を与えた学者たち

小野蘭山〔おの・らんざん〕

1729〜1810

京都生まれの本草学者。講義記録を孫の職孝が整理してまとめた『本草綱目啓蒙』48巻は、国内の動植鉱物に関する博物学的知識の集大成。若い富太郎は、『重訂本草綱目啓蒙』を入手し、むさぼり読んだ。

飯沼慾齋〔いいぬま・よくさい〕

1782〜1865

伊勢国亀山出身の本草学者。小野蘭山の弟子。家業の町医者を弟に譲って隠居。植物の分類学的な研究に没頭して、各地の植物標本を採集。自らの眼でじっくり観察するだけでなく、詳細に写生することを課していた。我が国はじめて、顕微鏡観察によって草や花の構造を調べた。植物図鑑『草木図説《そうもくずせつ》』は、学術的に画期的なものと定評がある。後に田中芳男・小野職愨によって増訂され、さらにその後は富太郎も増訂版を出版した。

シーボルト［しーぼると］

1796〜1866

ドイツの博物学者。「鎖国」の日本にある長崎・出島のオランダ商館医員として入国。鳴滝塾で診療と講義にあたり、伊東玄朴らを教えた。日本地図を海外に持ち出そうとして国外退去処分を受けたが（シーボルト事件）、晩年に再来日することができた。著書に『日本』『日本動物誌』や『日本植物誌』がある。富太郎は、伊藤圭介を通じて間接的な孫弟子関係にあたる。

さらに富太郎はシーボルトの『日本植物誌』を読んで刺激を受けていた。

伊藤圭介［いとう・けいすけ］

1803〜1901

伊藤圭介

本草学者、植物学者。日本の植物学の礎を築いた、わが国初の理学博士（同時に矢田部良吉も学位を受けた）。孫は植物学者の伊藤篤太郎。名古屋の町医者の家に生まれる。幼い頃より植物に興味をもち、シーボルトとも交流。著書『泰西本草名疏』の付録で、リンネの植物分類体系24綱目を紹介した。彼の著作から富太郎は大きな影響を受けた。没後、東京帝国大学名誉教授の称を受ける。

川本幸民〔かわもと・こうみん〕

1810〜1871

江戸末期〜明治にかけて活躍した蘭学者・医者・科学者。摂津国有馬郡三田（現・兵庫県三田市）に、三田藩代々の藩医の家の三男として生まれる。蘭学を学び藩医に任じられる。

医業の傍ら物理・化学の研究に勤め、マッチを試作したとされる。『気海観瀾広義』を出版して以降、『化学新書』をはじめ次々と著書・訳書を出版。蕃書調所（東京大学の前身のひとつ）に仕官し、幕府直参に抜擢された。

富太郎は自伝の中で、幼少時に名教館に学んだ際に初めて自然科学を学んだ書のひとつとして『気海観瀾広義』を挙げており、「文章がうまく好んで読んだ」と評している。

マキシモビッチ［まきしもびっち］

1827〜1891

ロシアの植物学者。医学を修めるため大学に入学したが、ブンゲに師事したことから植物分類学に転じた。4年間、日本各地で植物標本を収集、新種も多く発見した。須川長之助や富太郎らが送ってきた植物標本の鑑定にも協力した。富太郎は文通などで交流を続けていて、彼を頼ってロシアに渡ろうと考えたが、彼の死によって計画は頓挫した。

福沢諭吉［ふくざわ・ゆきち］

1834〜1901

明治時代の啓蒙思想家で、慶應義塾の創立者。中津藩の藩士の家に生まれる。1872年（明治5）に刊行を開始した『学問のすゝめ』がベストセラーとなり、啓蒙思想家としての地位を確立した。

富太郎は名教館で教科書として、福沢による『世界国尽《せかいくにづくし》』『窮理図解《きゅうりずかい》』を読んだ。『世界国尽』は１８７１年に発行された今で言う地理の教科書で、世界の地理の要所、それぞれの地域や国の産業が挿絵付きで紹介されている。『窮理図解』は１８６８年に発行された理科の教科書で、熱の性質にはじまり空気の性質やポンプの仕組み、風が起こる理由や万有引力の法則などが解説されている。

幼い日の富太郎が近代的な学問に親しむにあたり、福沢の訳業が一役買ったことは間違いない。

福沢諭吉

小野職愨〔おの・もとよし〕

1838〜1890

江戸生まれの植物学者で、小野蘭山の玄孫。維新後に博物局で働き、『博物図』を刊行し、田中芳男とともにに初めて上京してきた富太郎との交流があった。

田中芳男〔たなか・よしお〕

1838〜1916

信濃国飯田出身の博物学者。男爵。農商務省農務局長。貴族院議員。伊藤圭介に博物学を学ぶ。町田久成と共に博物館建設に尽力。

博物局勤務時代に、初めて上京してきた富太郎と対面している。その時の「先進国では、自分の国の動植物を自分の国の科学者が調べている」という田中の発言が、富太郎に四国の植物を調べつくしてやろうという動機づけのきっかけとなった。

田中芳男

杉浦重剛［すぎうら・じゅうごう］

1855〜1924

近江・膳所《ぜぜ》藩出身の教育者、国粋主義者。東京大学予備門（後の旧制第一高等学校）校長、文部省参事官などを務め、東京英語学校（現在でも中学・高校を運営している学校法人日本学園の前身）を創立。国粋主義を主張する新聞『日本』の刊行、政治評論団体である政教社への参加などがあり、積極的な言論運動を展開した。1914年（大正3）には東宮御学問所御用掛を拝命し、裕仁親王（後の昭和天皇）に帝王学、倫理学を教授した。

イギリス留学時代に化学を専攻していたこともあり杉浦は自然科学一般に明るかった。一時期は小石川植物園の管理を担当していたように杉浦は植物にも造詣が深く、富太郎のことを高く評価していた。富太郎が、それまで後見人だった矢田部良吉教授から冷遇されていた時期、富太郎から直接話を聞いた杉浦はこれに同情し、新聞『日本』や政教社発行の雑誌『亜細亜』に富太郎を応援し矢田部を非難する論評を掲載するように取り計らっている。

杉浦重剛

小藤文次郎［ことう・ぶんじろう］

1856〜1935

西周、森鴎外と同郷の津和野に藩士の子として生まれる。東京大学地質学科の第1期卒業生となった後、ドイツに留学。帝国大学理科大学教授として日本の地質学をリードした。地学会、日本地質学会の創立者の一人でもある。

富太郎の郷里・佐川は化石の産地としても知られ、小藤も化石採集に訪れている。富太郎も化石採集をしていたため佐川を訪れた小藤と会い、小藤が来ていたコートが気に入ったので、「小藤さんから服を借りて洋服屋を訪ね、それと同じものを註文した」と自伝に記している。以後、金銭的に苦しい時期であっても富太郎が講義をする時や植物採集をする時には綺麗なスーツを着るようにしていた。

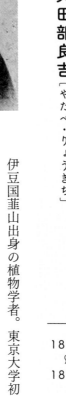

5 東大植物学教室の人々

矢田部良吉［やたべ・りょうきち］

1851～1899

矢田部良吉

伊豆国韮山出身の植物学者。東京大学初代植物学教授。伊藤圭介と同じく日本初の理学博士。当初は富太郎に協力を惜しまなかったが、富太郎を脅威に感じると突然研究室の利用を禁止するなどしてきた。「豪放なる行政家」と松村任三から評されるなど、誤解されることも多かった。大学を退職後、高等師範学校の校長になるが、鎌倉で遊泳中に溺死した。新体詩の紹介などにも尽力しているほか、ローマ字表記を提唱したことでも有名である。

平瀬作五郎［ひらせ・さくごろう］

1856〜1925

植物学者。画家。帝国大学理科大学附属植物学教室助手。池野成一郎の指導でイチョウの精子を発見するなど学界に貢献した。助手を辞任して中学教諭に転じたが、これは教授間の争いに彼も巻き込まれた結果ともいわれている。

松村任三［まつむら・じんぞう］

1856〜1928

常陸国高萩出身の植物学者。東京帝国大学名誉教授。大学南校から東京

開成学校で法律学を修めた。東大の小石川植物園に就職して本格的に植物学を学び始めた（後に初代園長）。矢田部のあとを受けて教授に就任時、富太郎を助手に採用している。ところが、自らが植物分類学を教え始めると、富太郎を排除する姿勢を見せ始める。草創期における日本植物学の基礎を築いた人物である。妹のきくは植物学者・池野成一郎（富太郎の親友）と結婚。

松村任三（高萩市教育委員会提供）

大久保三郎［おおくぼ・さぶろう］

1857〜？

植物学者。東京府知事となった幕臣・大久保一翁の息子。アメリカ・イギリスに留学、帰国後に東京大学助手に任ぜられた。1889年（明治22）、富太郎と連名で『植物学雑誌』にヤマトグサを発表。日本人として初めて学術雑誌に記載発表したものとして、注目された。その後は高等師範学校教授に転じ、中学用の植物教科書の編纂にあたった。

染谷徳五郎［そめや・とくごろう］

（生没年不詳）

東京大学理学部で矢田部良吉に植物学を学ぶ。若い富太郎とも、そこで知り合い意気投合。植物学の入門書や植物形態学・植物理学の書を翻訳するなど、植物学の普及に貢献した。市川（田中）延次郎と富太郎との3人で『植物学雑誌』を創刊し、矢田部良吉教授の協力を得た。

三好学［みよし・まなぶ］

1862〜1939

美濃国岩村藩の江戸藩邸で生まれた植物学者。東京帝国大学名誉教授。理学博士。小学校校長在任時に高山植物に魅せられて東京大学理科大学植物学科へ進んだ異色の経歴をもつ。そこで、富太郎と親友になった。分類学が主であった我が国の植物学に生理学や生態学を導入してその基礎をつくった。小説家・矢野《やの》龍渓《りゅうけい》の長女と結婚したことでも有名。

白井光太郎［しらい・みつたろう］

1863〜1932

福井藩中屋敷で生まれた植物病理学者。本草学者。東京帝国大学名誉教授。帝国大学理科大学植物学科卒業。

卒業論文は蘇類の研究であり、日本における学術的な蘇類研究の最初といわれている。著書『最近植物病理学』は、本草学・博物学史研究の先駆者といわれる業績を残している。また、考古学でも「縄文土器」の用語を発案したことで知られている。

伊藤篤太郎［いとう・とくたろう］

1866〜1941

植物学者。東北帝国大学講師。祖父は、本草学者の伊藤圭介。早くから祖父の教えを受けて植物学を学習。その際、祖父を訪ねてきた富太郎と交流をはかった。トガクシショウマの学名をめぐって、矢田部良吉から植物学教室への出入りを禁止された。この事件により「破門草（トガクシショウマの別名）」が生まれたともいわれる。松村任三との共著論文「琉球植物志」などでも著名である。

池野成一郎［いけの・せいいちろう］

1866〜1943

江戸駿河台出身の植物学者、遺伝学者。東京帝国大学農科大学教授。帝国大学教員時代にドイツ、フランスに留学。著書『植物系統学』が有名。妻は、松村任三の妹である。富太郎とは、学生の頃から切磋琢磨してきた親友といえる。青山練兵場に富太郎と一緒に忍び込んだ話、植物標本が乱雑に並ぶ富太郎の部屋を「たぬきの寝床」と称した逸話は有名である。

川村清一［かわむら・せいいち］

1881〜1946

岡山県津山出身の植物学者。千葉高等園芸学校教授。理学博士。東京帝国大学理科大学植物学科で学ぶ。菌類の研究で「キノコ博士」の別名を持つほど、キノコや毒菌を専門としていた。また、天然記念物保存法制定の機運を高めた運動でも著名である。

服部広太郎〔はっとり・ひろたろう〕

1875〜1965

菌類学者。富太郎が松村に助手を追われた時に復帰の支援をした。東宮御学問所、生物学御学問所の御用係となり、若き日の昭和天皇に博物学を講義し、生物学の指導をした。

三宅騏一〔みやけ・きいち〕

1876〜1964

東京帝国大学農科大学教授。理学博士。東京帝国大学理科大学植物学科

選科修了。日本遺伝学会長、日本水産学会長を歴任するなど、面倒見の良い人物。富太郎の「植物図鑑」改訂には専任の編纂係を派遣させたりするなど、出版社との交渉にも自らあたっている。

田中貢一［たなか・こういち］　1881〜1965

長野県塩尻出身の植物研究家。帝国駒場農園技術長。採集した植物を富太郎に送って鑑定を依頼していた。その交友もあって、富太郎のあっせんで東京帝国大学農科大学助手となり、池野成一郎の下につく。帝国駒場農園を設立したことで知られる。小説家・島崎藤村とは師範学校時代からの友人。藤村の『破戒』の主要な登場人物のモデルと言われている。その真偽はともかくとして、彼の植物の著作『花物語』に藤村が序文を寄せている。

松崎直枝［まつざき・なおえ］

1889〜1949

熊本出身の植物学者。東京帝国大学理学部附属小石川植物園園芸主任。渡来野生植物についての研究で、雑誌・新聞に執筆。植物園協会の創設を提唱したことでも知られている。「花のことなら松崎に訊け」と言われたという逸話もある。告別式での弔辞を富太郎が読んだ。

籾山泰一［もみやま・やすいち］

1904〜2000

東京・築地出身の植物研究家。資源科学研究所研究員。東京帝国大学理学部植物学教室では樹木を中心とする植物分類学を習得し、東京都立大学牧野標本館で富太郎の標本整理にあたった。

6 東京帝国大学の人々

浜尾新〔はまお・あらた〕

1849〜1925

教育行政官。但馬国《たじまのくに》豊岡藩士の家に生まれた。慶應義塾を経て文部省に出仕後、アメリカに留学。帰国後は東京大学の整備に努めた。帝国大学総長（3代）、改称後の東京帝国大学総長（8代）と、二度にわたって総長を務めて東京大学の管理運営の中心にあった。また、短期間ながら文部大臣にもなっている。富太郎の経済的困窮にも援助を惜しまず、『大日本植物志』編集と発行という仕事を与えた。

菊池大麓［きくち・だいろく］

1855〜1917

数学者で教育行政家。男爵。美作津山《みまさか》の箕作家に生まれ、父の実家である菊池家の養子になる。イギリスに二度留学し、ケンブリッジ大学で数学と物理学を習得。帰国後、東京大学の数学教授に就任。当時は「お雇い外国人」ばかりで、日本人としては初の人事で注目された。1898年（明治31）の東京帝国大学総長に就任し、富太郎との接点ができる。陰ながら富太郎の援助をしたことで有名である。その後、第1次桂太郎内閣の文部大臣となるなど教育行政に関与した。京都帝国大学総長、帝国学士院長、理化学研究所長を歴任している。

日本にヨーロッパ式の高等数学の教育システムを導入、定着させた功績など高等教育への取り組みに大きな成果を上げている。

箕作佳吉［みつくり・かきち］

1858〜1909

美作津山藩の江戸藩邸で生まれた動物学者。菊池大麓の弟。慶應義塾・大学南校で学び、イェール大学、ジョンズ・ポプキンス大学に留学。帰国後東京大学理学部生物学科教授に就任し、1901年には東京帝国大学理科大学長になった。また、学長を引退するまで、陰ながら富太郎が罷免されないよう応援した。

桜井錠二［さくらい・じょうじ］

1858〜1939

化学者で、科学行政家。加賀藩の英語学校を経て、大学南校に入学。東京開成学校で化学を学ぶ。さらにイギリスに留学し、ユニヴァーシティ＝

カレッジ＝ロンドンで化学や物理学を習得。帰国後は、東京大学理学部講師、教授に任命された。その後、東京帝国大学評議員、理科大学長・総長事務取扱、帝国学士院長を歴任。理化学研究所の設立にも参画した。理科大学長在任中、松村の求めに応じて富太郎を罷免してしまった。

岡村金太郎［おかむら・きんたろう］

1867〜1935

富太郎の学友の海藻学者。水産講習所所長。東京帝国大学農科大学水産学科や理学部植物学科で水産学・藻類学を講義。わが国の海藻学の開拓者であった。

五島清太郎［ごとう・せいたろう］

1867〜1935

長州藩出身の動物学者、寄生虫研究者。帝国大学理科大学生物学科で箕作佳吉に学ぶ。アメリカ留学を経て、さまざまな無脊椎動物を研究対象として寄生虫研究を続けた。東京帝国大学理学部長となり、富太郎が待合経営問題で批判されていた時も理解を示したという。

朝比奈泰彦［あさひな・やすひこ］

1881〜1975

東京市本所出身の薬学者。東京帝国大学医科大学薬学科に入学。生薬学講座の教授として、後進を育てた。またツムラ順天堂の研究所創設に協力。富太郎が創刊した『植物研究雑誌』の編集主幹を引き継いだ。

7

富太郎の支援者・教え子たち

太田義二〔おおた・よしじ〕

（生没年不詳）

東大植物学教室に出入りし始めた頃の富太郎は、国内の植物を網羅して記す『日本植物志図篇』の完成をライフワークに位置づけており、土佐に戻ってこの仕事を完成させるつもりでいた。文章を書くことや図を描くことはできたため、残る「印刷」の技術を身につけるために、富太郎は神田錦町にあった太田の石版屋で一年間印刷術を学び、『日本植物志図篇』第一集第一巻を自費出版した。太田の下で印刷術を学んでいたのと同じ時期に後の妻になる壽衛と出会い、太田は夫妻の仲人も務めている。

五百城文哉〔いおき・ぶんさい〕

1863〜1906

水戸出身の洋画家。高山植物研究家。高橋由一の画塾に入門し、洋画を学んだ。庭で植物栽培をするなど、高山植物に関心を寄せていた。東京山草会に参加して、富太郎とも交流があった。「高山植物写生図」は植物学的資料として貴重である。

渡辺忠吾〔わたなべ・ちゅうご〕

（生没年不詳）

東京朝日新聞の記者で、農学士。1916年（大正5）、富太郎がこれまで集めた標本をいよいよ売るしかないところまで経済的に困窮していることを知った渡辺はこれに同情し、東京朝日新聞に「大切な学術上の標品が外国へ売られようとしている」といった趣旨の記事を掲載した。

この記事がきっかけになり、富太郎は池長孟から援助を受けることになり、当座の窮状をしのぐことができた。

村越三千男［むらこし・みちお］

1872〜1948

編集者。教員をしていた時に教育指導参考用の植物図譜作成を志す。当初は、富太郎の校訂を受けて『普通植物図譜』を月刊で発行。その後も協力して植物図鑑を出版。大正末期ころから、富太郎と疎遠になり、お互いに出版競争のような状況となった。富太郎の『日本植物図鑑』に対して、松村任三らの後援を得て『大植物図鑑』を刊行した。その後も、動植物知識の啓蒙・普及に尽力した。晩年は富太郎との交流は途絶えた。

中村春二［なかむら・はるじ］

1877〜1924

東京・麹町生まれの教育者で、成蹊学園の創設者。富太郎は1922年(大正11)、成蹊高等女学校の生徒に日光で植物採集を指導した際には「師弟同行主義」を旨とする中村も採集に同行しており、拠点にしていた宿で意気投合。中村は『植物研究雑誌』の刊行継続および富太郎のライフワーク『日本植物図説』の製作を支援した。

中村が亡くなる一ヶ月前の1924年1月には、病床の中村への見舞いの品として、富太郎自ら採集した春の七草を贈っており、中村が亡くなった後には生前愛用していた硯《すずり》を形見分けでもらい受けている。

微生物学者の中村浩は春二の次男で、東京帝国大学理学部植物学科で富太郎に師事している。

安達潮花（初代）〔あだち・ちょうか〕

1887〜1969

広島県呉出身の華道家。安達流挿花創始者。初代家元。幼時から池坊の生け花を学び、東京に派遣されたが独立。飾り花を標榜、花型を型紙化するなどの新機軸を発表。生け花スクールのシステムを開発し、近代化と大衆化をめざした。晩年の富太郎の経済的窮地を救い、牧野植物標品館（標本館）建設を支援した。

池長孟〔いけなが・はじめ〕

1891〜1955

神戸市に生まれ、資産家であった池長家の養子になる。京都帝国大学法学部の学生の時に『大阪朝日新聞』の記事で富太郎の窮乏を知り、支援の手を差し伸べ、標本を受け取って神戸に池長植物研究所を建設した。しかしその後は標本の整理が滞るなどの理由で疎遠になり、安達潮花の支援が決まると富太郎に標本を返還した。

昭和天皇［しょうわてんのう］

1901〜1989

在位1926〜1989。諱は裕仁《ひろひと》。幼少期から昆虫や魚介類の標本に親しみ、服部広太郎に生物学を師事。公務外の趣味として生物学を選んだ理由は、身体を動かせる健康上のためなどであったという。

赤坂離宮内に生物学御研究室、皇居内に生物学御研究所を設立し、変形粘菌や植物、ヒドロゾアなどの分類学研究を進めた。南方熊楠からも講義を受けている。

富太郎は、天皇が採取した植物の鑑定をたびたび依頼されており、19

４８年（昭和23）には皇居で天皇に進講するなど、交友があった。富太郎の容態が悪化した際には見舞いのアイスクリームを贈っており、翌57年に富太郎が死去した歳には祭粢料（香典）と切花を贈り、勲二等旭日重光章および文化勲章を授けている。

檜山庫三〔ひやま・こうぞう〕

1905〜1967

植物研究家。若き富太郎と同様に独学で植物研究を続け、野外植物同好会を創設、会誌『野草』を創刊した。東京都立大学講師として、理学部附属牧野標本館に勤務した。約４０万点の牧野コレクションのうち約８万点の同定をしている。

上村登［かみむら・みのる］

1909〜1973

教育者、苔類の研究者。東京帝国大学農学部中退後、高知農業補習教員養成所を卒業し、高知県内の小中学校で教鞭をとる。城東中学校（現高知追手前高校）在職中に富太郎と出会い、苔類の研究を勧められる。後に高知学園短期大学学長。富太郎の伝記をその生前中に執筆した『花と恋して―牧野富太郎伝―』が著名である。

第3章

牧野富太郎の足跡案内

1 佐川町

・旧伊藤蘭林塾（きゅういとうらんりんじゅく）

旧伊藤蘭林塾

目細谷地区にあった伊藤蘭林の塾が、土佐街道沿いの佐川郵便局裏に2002年（平成14）に移築復元されたもの。伊藤蘭林は明教館の教授であったが、明治維新になって明教館が廃止になった後も私塾を開き、教育を続けていた。

住所：高知県高岡郡佐川町甲1631－1

・金峰神社（きんぷじんじゃ）

富太郎の生家の裏山の中腹にある神社。富太郎が幼少の頃によく遊んでいた場所で、バイカオウレンなどを採取していたという。幼少期のこうした経験が、彼の人生に大きな影響を与えたことは想像に難くない。

神社の周囲は

金峰神社

緑に包まれている。西の参道の麓に富太郎が使ったという手洗石があり、その先には清水が湧いている。バイカオウレンの咲く2~3月以外も、草木の様々な表情を見ることができ、彼の幼少期を追体験できるスポットである。

住所：高知県高岡郡佐川町甲1896

・佐川町立佐川地質館（さかわちょうりつさかわちしつかん）

『牧野富太郎自叙伝』の中で言及のあるように、佐川は化石の宝庫であり、日本の地質学発祥の地の一つとされている。そうした地質学の蓄積を展示するために1992年（平成4）に開館。この地で研究を行ったナウマン、小林貞一の研究に関する資料や化石、地形・地質、生活と災害に関する展示などを行っている。

住所：高知県高岡郡佐川町甲360
開館時間：9：00～17：00（月曜日休館、祝日の時は翌日。12月29日～1月3日は休館）

・佐川町立青山文庫（さかわちょうりつせいざんぶんこ）

江戸時代の領主・深尾家、維新関係資料などを展示する博物館。牧野公園に富太郎と並び墓がある田中光顕にまつわる資料、佐川出身の英文学者・西谷退三の蔵書、佐川町が保有する富太郎の資料など、近世・近代の歴史資料を収蔵している。

住所：高知県高岡郡佐川町甲1453－1
開館時間：9：00～17：00（月曜日休館、祝日の時

佐川町立青山文庫
（青山文庫提供）

は翌日。12月29日〜1月3日は休館）

・佐川文庫庫舎（さかわぶんここしゃ）

佐川文庫庫舎

高知県内最古の木造洋館。１８８６年（明治19）、須崎警察署の佐川分署として建築され、その後は文庫や民具館として活用された。建物の美しさからフォトスポットとしても人気がある。

住所：高知県高岡郡佐川町甲１４７３

開館時間：９：00〜17：00（月曜日休館、祝日の場合は翌日。12月29〜1月3日は休館）

・青源寺（せいげんじ）

1603年（慶長8）に創建された臨済宗妙心寺派の寺院で、土佐藩筆頭家老深尾家の菩提寺。その庭園は土佐三名園の一つとして知られ、高知県指定名勝になっている（同じ佐川町内には、三名園のもう一つ、乗台寺庭園がある）。富太郎が少年時代によく訪れていた。

住所：高知県高岡郡佐川町甲1460　※見学などの際は要連絡

・司牡丹酒造（つかさぼたんしゅぞう）

高知を代表する酒造メーカー。関ケ原の合戦後の1603年（慶長8）から佐川で酒造を営む。佐川出身の田中光顕が「天下の芳醇なり、今後は酒

司牡丹酒造

の王たるべし」と激励の一筆を寄せ「司牡丹」と命名。富太郎の生家「岸屋」の酒蔵を引き継いでいたが、2004年（平成16）の台風で倒壊してしまった。富太郎以外にも、坂本龍馬など、土佐にちなんだ人物にまつわる商品も多く扱っている。

住所：高知県高岡郡佐川町甲1299

・牧野公園（まきのこうえん）

1902年（明治35）、富太郎が東京からソメイヨシノの苗を佐川に送り、それを地元の有志が青源寺の土手などに植えたことが始まり。当時は「奥の土居」と呼ばれていた。戦時下に食料増産のため開墾されて桜は全て伐採されてしまったが、戦後、商工会を中心とした地元の人々が再び桜苗を植え始めた。

　富太郎の死後、佐川町が土地を購入、１９５８年（昭和33）に公園内の町道が整備されたことから「牧野公園」と名づけられ、１９６０年に落成した。中腹には富太郎と田中光顕の墓がある。１９９０年（平成2）には、日

牧野公園

本の桜名所100選に選ばれている。
住所：高知県高岡郡佐川町甲2458

・牧野富太郎ふるさと館（まきのとみたろうふるさとかん）

牧野富太郎ふるさと館

富太郎の生家「岸屋」の跡地に建てられた記念館。写真などを手掛かりに、外観や意匠は当時の雰囲気を再現している。富太郎の遺品や直筆の手紙、原稿等が展示されている。2023年2月よりリニューアル中で、富太郎の子どもの頃の勉強部屋を再現する計画。

住所：高知県高岡郡佐川町甲1485

開館時間：9：00～17：00（月曜日休館、祝日の時は翌日。12月29～1月3日は休館）

・名教館（めいこうかん）

1772年（明和9）、深尾家六代目当主の深尾茂澄《ふかおしげずみ》（1741～1805）が創設した家塾。1802年（享和2）、七代目繁寛《しげひろ》が拡充して郷校とし、1830年（天保元）には校舎を建設した。明治になって佐川領が消滅すると、土佐藩校の致道館《ちどうかん》の分校として存続。その後廃藩置県にともなって一度閉鎖されたが商家を中心とした地元の有志たちにより義校・名教館（名教義塾）として再開され、教授を務めた伊藤蘭林の薦めもあり、富太郎も学んだ。1874年（明治7）にふたたび閉鎖され、佐川小学校となった。

玄関部分と建物の一部は1887年に佐川尋常小学校に移築され、その後2014年（平成26）になって上町地区に再移築されて現在に至っている。
かつて名教館があった場所には碑が立っている。
住所：高知県高岡郡佐川町甲1510

開館時間：9：00〜17：00（月曜日休館、祝日の時は翌日。12月29日〜1月3日は休館）

名教館

名教館址の碑

2 高知市

・高知県師範学校（こうちけんしはんがっこう）

1874年（明治7）に陶冶学舎《とうやがくしゃ》として高知藩の旧藩校・致道館跡（現・城西公園）に設置された師範学校（教員養成学校）。戦後は高知大学の教育学部の母体となった。富太郎が私淑した永沼小一郎は高知県師範学校の教員だったというが、高知中学校という記録もあり、どちらが正しいのか、あるいは双方の勤務を経験したのか定かではない。

住所：高知県高知市大膳町（大膳町公園、「高知師範学校」の門と碑が残る）、高知県高知市曙町2－5－1（高知大学）

・高知県立高知追手前高等学校

（こうちけんりつこうちおうてまえこうとうがっこう）

高知県立高知追手前高等学校

高知県師範学校のルーツである陶冶学舎内に設けられた変則中学から発展し、1878年（明治11）に高知中学校として独立。戦前に首相を務めた濱口雄幸、「アンパンマン」作者のやなせたかしなど数多くの卒業生を輩出している。富太郎が私淑していた永沼小一郎が教鞭をとっていたという説があるが、吉永虎馬や後に富太郎の伝記を記した上村登も教員であった。1931年（昭和6）に落成した本館の時計台は有名。

住所：高知県高知市追手筋2－2－10

・高知県立牧野植物園（こうちけんりつまきのしょくぶつえん）

富太郎は長年、植物園を設置することの重要性を訴えてきたが、富太郎が亡くなる前年の1956年（昭和31）、地元高知の五台山に植物園が設置されることが決定した。しかし、その完成を見届けることなく富太郎は没し、1958年に開園した。約8haの広大な敷地を有し、園内には「牧野富太郎記念館」が設けられ、富太郎の書斎も再現されている。

住所：高知県高知市五台山4200－6

開園時間：9：00～17：00（休園日・年末年始〈12月27日～1月1日〉※メンテナンス休園あり）

高知県立牧野植物園

3

越知町

・横倉山自然の森博物館
（よこぐらやましぜんのもりはくぶつかん）

佐川町の隣町・越知町にある博物館。館内には「牧野富太郎と横倉山」というコーナーがあり、富太郎が愛した珍しい植物について学ぶことができる。

住所：高知県高岡郡越知町越知丙737－12

開館時間：9：00～17：00（最終入館午後4時半。月曜日休館、祝日の時は翌日。12月29日～1月3日は休館）

・仁淀川（によどがわ）

四国最高峰・石鎚山に源を発する面河川を上流とし、高知県内を流れ高知市・土佐市付近で太平洋に注ぐ四国第三の河川。「仁淀ブルー」の名で知られる清流。

富太郎は自由民権運動に取り組んでいたが、学問に専念するために脱退を決意、越知の仁淀川河川敷で自由党大会が開かれた時、演説中に旗を掲げ、大声で歌を歌いながら会場を後にしたという。

4 東京

・飯田町（いいだまち）

かつて千代田区に存在した地名で、１９６６年（昭和41）の住所表示の実施により消滅。富太郎はかつて飯田町に下宿していて、近くに山田顕義の邸宅があったという。壽衛の父・小澤一政は飯田町通りに大きな家を持っていて、富太郎によるとその家の跡地に皇典講究所（日本大学、國學院大學、都立戸山高校、城北中学校・高等学校のルーツ）ができたという。一政の死後、財産を失った壽衛の

母は飯田町で小さな菓子屋を営み、そこで富太郎と壽衛は出会った（ただし、この時富太郎は三番町にある、同郷出身の若藤宗則の家の2階を間借りしていて、そこから大学に通っていた）。

かつての飯田町に残る記念碑（左から日本大学開校の地、東京府立第四中学校発祥の地、國學院大學開校の地）

・学士会館（がくしかいかん）

東京大学設立の地に1928年（昭和3）に建てられた。江戸時代には上州安中藩邸があった場所であり、同志社英学校を創設した新島襄はこの地で誕生している。富太郎が初めて東大の植物学教室を訪ねた1884年（明治17）当時、理学部はまだこの地にあり、翌年本郷に移転している。

学士会館

住所：東京都千代田区神田錦町3－28

・小石川植物園（こいしかわしょくぶつえん）

正式名称は「東京大学大学院理学系研究科附属植物園」。江戸時代は薬草を育てる施設だったが、明治期になって東京大学の付属施設になると、薬草以外も育てる植物全般を研究する施設になった。富太郎が所属した植物学教室は1897年（明治30）に本郷キャンパスから本植物園内に移転し、1934年（昭和9）に本郷キャンパスに戻っている。

住所：東京都文京区白山3－7－1（小石川）栃木県日光市花石町1842（日光）

開園時間：9：00～16：30分（月曜日休園、祝日の時は翌日。小石川は12月29

小石川植物園

日～1月3日、日光は12月1日～3月31日休園）

・東京大学本郷キャンパス
（とうきょうだいがくほんごうきゃんぱす）

1877年（明治10）に設立された、日本国内初の本格的な総合大学。1886年には帝国大学、1897年には京都帝国大学の設立とともに東京帝国大学と改称された。1947年に東京大学と改称され、194

東京大学赤門

現在の生物科学専攻が入る東京大学理学部2号館

9年5月に新制大学となって現在に至る。
住所：東京都文京区本郷7－3－1

・上野恩賜公園（うえのおんしこうえん）

上野恩賜公園

通称上野公園。江戸時代は寛永寺の伽藍がそびえ立っていた場所だったが、戊辰戦争で焼失し、公園地となった。その広大な敷地を利用して内国勧業博覧会が開催され、富太郎が訪れた。現在は公園内に東京国立博物館、国立科学博物館などの文化施設が集中しており、日本の都市公園の代表的存在となっている。

住所：東京都台東区上野公園・池之端3丁目

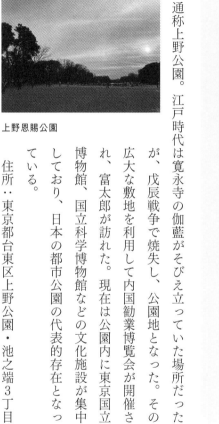

・天王寺墓地（てんのうじぼち）

日暮里駅の南側に位置する、天台宗護国山天王寺の墓地。富太郎・壽衛の墓がある。天王寺は鎌倉時代に建立され、当初は日蓮宗の寺院だったが、江戸時代に天台宗となった。戊辰戦争の際、彰義隊の営所となって被災、焼け残った五重塔も富太郎没年の１９５７年（昭和32）に放火で焼失してしまった。

明治維新後に境内の大半が新政府に没収され、霊園となった。現在では都立谷中霊園、了侻寺や寛永寺の墓地と入り組んで一つの墓域を形成している。

住所：東京都台東区谷中7丁目

・根岸（ねぎし）

富太郎と壽衛が結婚して最初に居を構えた場所。JR鶯谷駅の東側に位置し、正岡子規が最期の時を過ごした子規庵、洋画家であり書家でもあった中村不折の旧宅を利用した書道博物館などがある。

・青山練兵場（あおやまれんぺいじょう）

現在の神宮外苑。1886年（明治19）に日比谷から練兵場が移転してきたものだが、大正時代に明治天皇を称える神宮外苑建設計画が策定されたため、訓練機能は代々木練兵場に移転した。富太郎は池野成一郎、人力車夫とともに夜中に青山練兵場に忍び込み、ナンジャモンジャの木の花をとってきたエピソードがある。

住所：東京都新宿区霞ヶ丘町1－1（明治神宮外苑）

・荒木山（あらきやま）

現在の渋谷区円山町付近。三業地（花街）に指定されており、壽衛がこの地で待合を経営していたことが大学で問題になった。また、富太郎が近所に住んでいる時に関東大震災に遭遇している。家族は怖がっていたというが、富太郎は楽しんで揺れ具合を観察していたという。家はそれほどの被害を受けなかったようだが、火災で刷り上がったばかりの『植物研究雑誌』が焼けてしまったこともあり、郊外に移る決意をしたようである。

・東京大学駒場キャンパス（とうきょうだいがくこまばきゃんぱす）

1878年（明治11）に開校した駒場農学校がルーツ。1890年に帝国大学農科大学となる。矢田部に植物学教室を追われた時、富太郎は池野成一郎の厚意で農科大学の研究室に一時身を置いていた。東大農学部は1935年（昭和10）に旧制第一高等学校と校地交換を行い、弥生地区に移転した。現在の駒場には旧制一高の後継の教養学部が置かれている。

住所：東京都目黒区駒場3－8－1

・小岩菖蒲園（こいわしょうぶえん）

江戸川河川敷にある庭園。富太郎は、1890年（明治23）、この地で食虫植物の「ムジナモ」を発見した。現在、この地にムジナモは自生しておらず、記念碑が遺されている。
住所：東京都江戸川区北小岩4丁目先（江戸川河川敷）
ゲート開放時間：4月～9月…8：30～18：30。10月～3月…8：30～16：30（12月31日～1月3日はゲート閉鎖）

小岩菖蒲園

・練馬区立牧野記念庭園（ねりまくりつまきのきねんていえん）

富太郎が晩年を過ごした東大泉の住居と庭の跡地。記念館も併設して一般公開されている。博士にゆかりの深いものを含め300種類の植物を見ることができる。妻・壽衛にちなんだ「スエコザサ」を観察することもできる。当時のまま保存される書斎と書庫の一部について、練馬区では存命時の内部の様子を再現するプロジェクトを進め、2023年4月上旬一般公開の予定。

練馬区立牧野記念庭園

住所：東京都練馬区東大泉6－34－4
開園時間：9：00～17：00（火曜日休園、祝日の時は翌平日休園。12月29日～1月3日休園）

・成蹊学園（せいけいがくえん）

富太郎への支援を申し出た教育者の中村春二が1906年（明治39）に、文京区西片に開いた塾が母体となって発展した学園。学校名の由来は司馬遷の『史記』「李将軍列伝」にある「桃李不言下自成蹊（桃李ものいはざれども下おのづから蹊《こみち》を成す）」に由来する。中村春二が亡くなった年に吉祥寺に移転し、現在に至る。

成蹊学園

住所：東京都武蔵野市吉祥寺北町3－3－1

・東京都立大学牧野標本館
（とうきょうとりつだいがくまきのひょうほんかん）

富太郎の没後、遺族から東京都立大学に寄贈された未整理標本を整理した標本館で、1958年（昭和33）に設立された。1991年（平成3年）に東京都立大学が八王子市南大沢に移転するのにあわせてリニューアルされている。2018年には別館（新館）も完成した。牧野標本以外にも、シーボルトコレクションなど貴重な標本が数多く所蔵されている。東京都立大学の生命科学科植物系統分類学研究室の教員が運営・管理を行っている。

住所：東京都八王子市南大沢1－1　東京都立大学内

開館時間（本館入口標本展示コーナー）：平日9：00～16：30（年末年始、工事、入試などで閉館になる日があるので、要確認）

5 各地

・仙台市野草園（せんだいしやそうえん）

富太郎は1927年（昭和2）12月、仙台市三居沢でスエコザサを発見した。妻に感謝をして付けた名前だが、その翌年、寿衛はこの世を去った。仙台市の野草園では、スエコザサをはじめ、東北地方の代表的な野生植物を植栽展示している。

住所：仙台市太白区茂ヶ崎2－1－1
開園期間：3月20日～11月30日（野草館は12月28日～1月4日以外通年開館）
開園時間：9：00～16：45

・会下山小公園（えげやましょうこうえん）

会下山は南北朝期の湊川の戦いで楠木正成が本陣を置いた場所として知られている。会下山公園は非常に規模の大きな公園だが、少し離れたところにある会下山小公園が池長植物研究所の跡地で、1974年（昭和49）に設置された。地元では「牧野公園」と呼ばれているという。もとは池長孟の父・通が建てた「正元館（しょうげんかん）」があった場所であり、この地に孟が植物の標本を引き取って植物標本陳列所の設立を目指したが、とん挫してしまった。

住所：兵庫県神戸市兵庫区会下山町

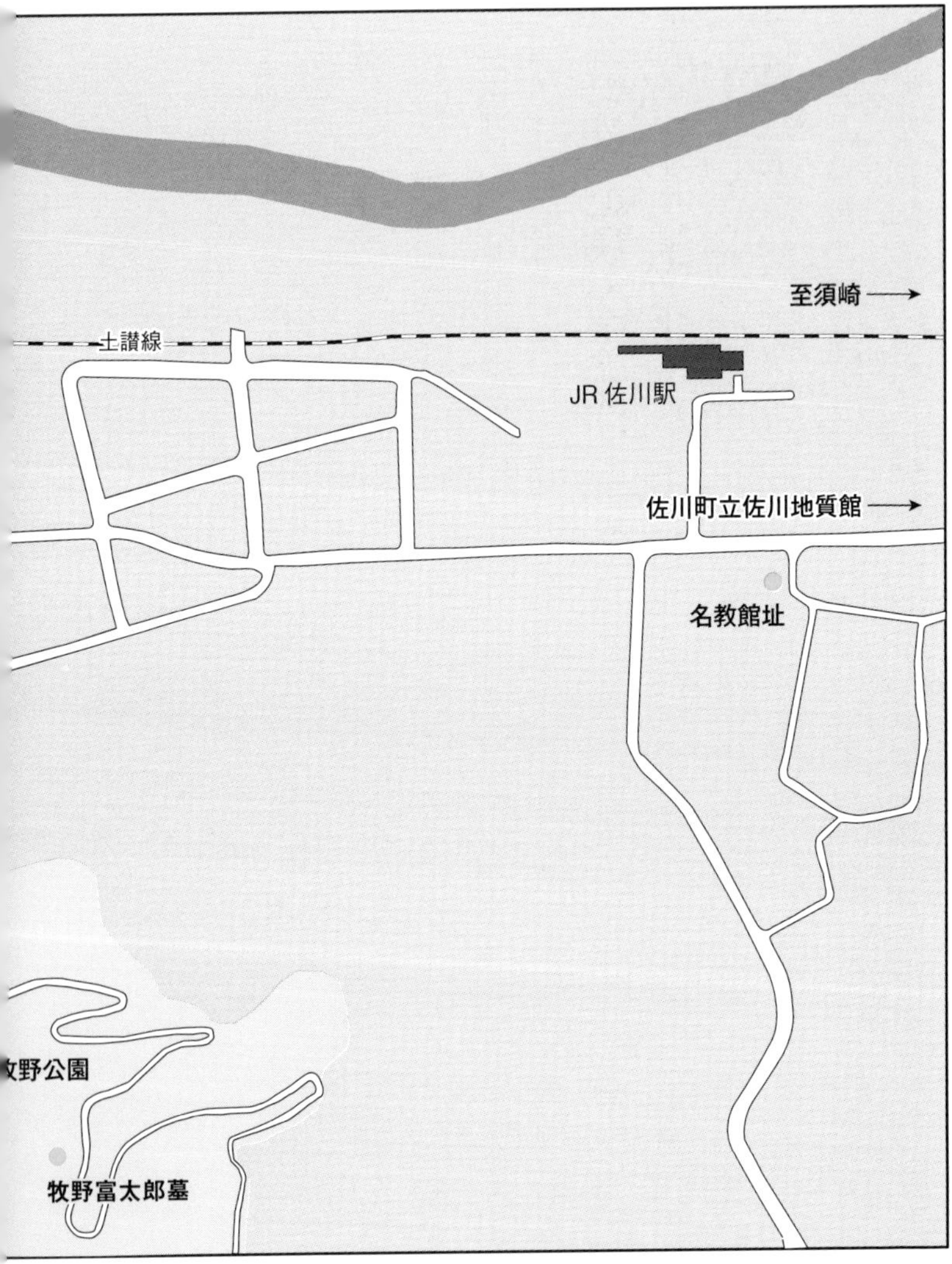
至須崎
土讃線
JR 佐川駅
佐川町立佐川地質館
名教館址
牧野公園
牧野富太郎墓

佐川町

佐川小学校
至高知
佐川町役場
旧伊藤蘭林塾
司牡丹酒造㈱
名教館
酒蔵の道
酒蔵の道
牧野富太郎
ふるさと館
佐川文庫庫舎
金峰神社
西谷の清水
佐川町立
青山文庫
青源寺
牧

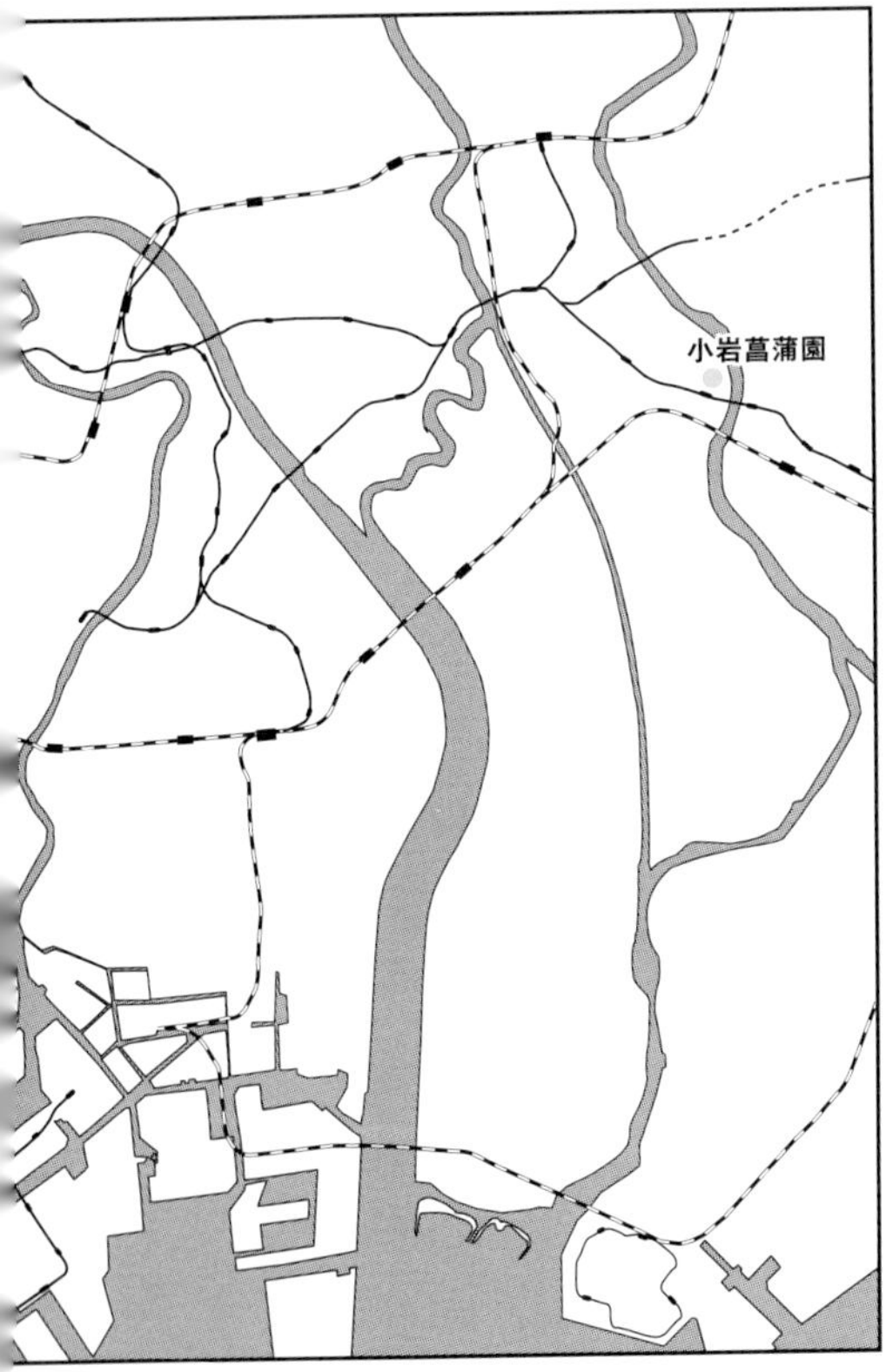
小岩菖蒲園

東京での足跡

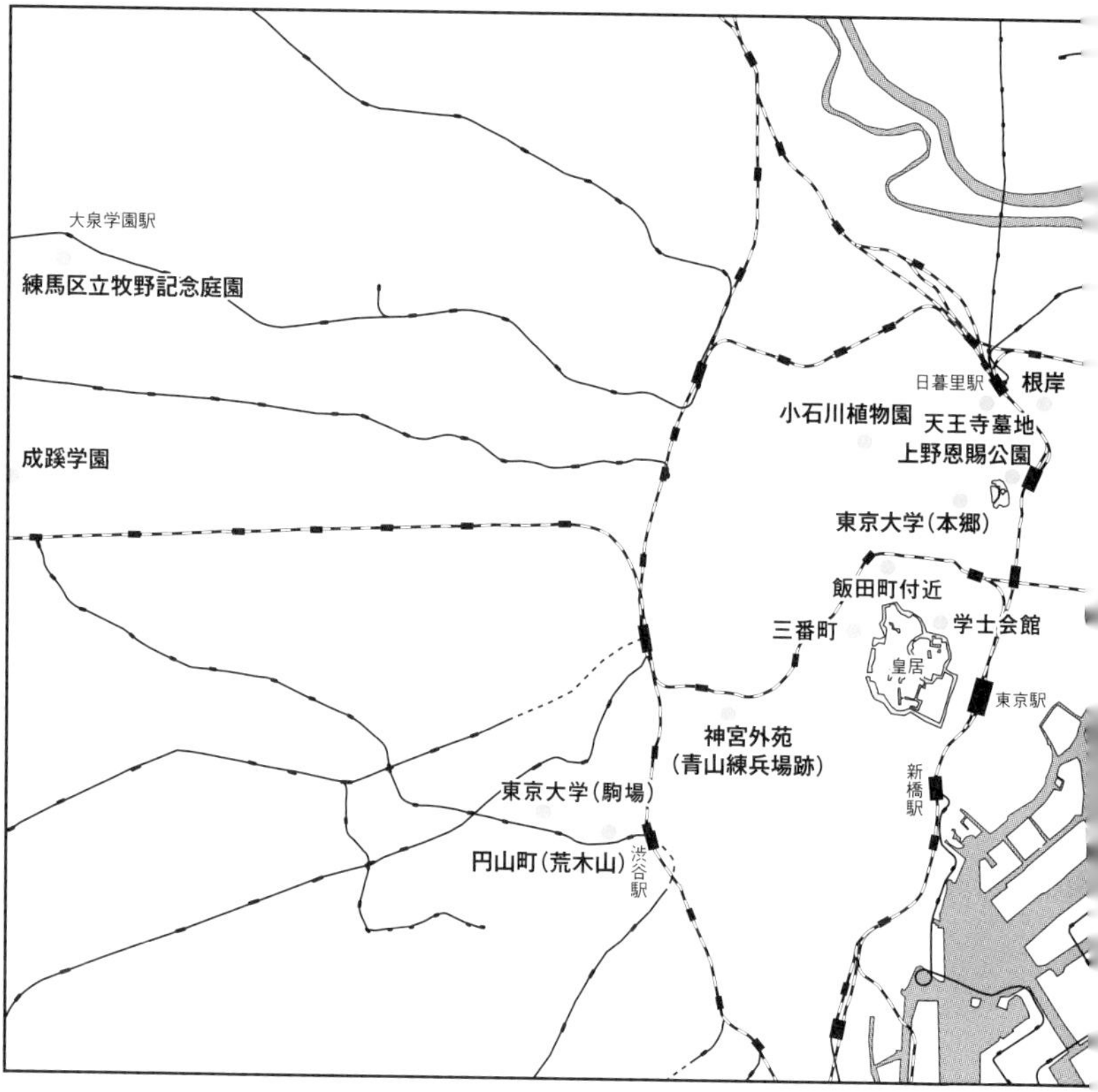

大泉学園駅
練馬区立牧野記念庭園
成蹊学園
日暮里駅
根岸
小石川植物園
天王寺墓地
上野恩賜公園
東京大学（本郷）
飯田町付近
三番町
学士会館
皇居
東京駅
神宮外苑
（青山練兵場跡）
新橋駅
東京大学（駒場）
円山町（荒木山）
渋谷駅

おわりに

以上述べてきた牧野富太郎という人物には、誤解や認識の違いによる評価の問題があると考えます。

マスコミで取り上げられた時に、彼の豪放磊落な性格を見聞きしたりしたためか、酒好きと紹介されたことがあったというのです。

彼の実家は酒造りもやっていましたが、彼はほとんど飲酒しないと自ら語っています。これは、どういうことでしょうか？

また、複数の自叙伝や彼を紹介したいくつかの文献のなかにも矛盾が散見されます。

なにせ、晩年に自らを正確に語ること自体、かなり難しいことです。経営者が自叙伝を出す時も、内容のファクトチェックで企業の広報部が苦労するという話を時々聞きますが、思い込みほど怖いものはありません。

もちろんこの文章でも、筆者の偏見や事実誤認が含まれていたらお詫びするしかありません。

筆者は大学受験予備校の講師を長くつとめていましたが、「高校日本史」を担当しながら、明治末期の文化では植物分類学の牧野富太郎が有名、と受験生に教えたのが彼を認識した最初です。恥ずかしながら、情報は、それだけ。名前と専門分野だけでした。

その後、日本教育史を人物で追っていく『人物で見る日本の教育』企画時に牧野富太郎を取り上げることを編者に提案しましたが、まさか、自分が執筆することになるとは思いもしませんでした。その経験が本書の執筆に繋がったので、不思議なものです。

この本を手に取っていただいたのを縁にして牧野ワールド全開の植物図鑑にチャレンジされてみるのも楽しいかもしれません。また、書を捨てて野山へ出掛けて自然の草花を愛でるのももっと楽しいかもしれません。

「荷が重い」という言葉通り、人の生涯を記述するというのはかなりハードな仕事でした。この本を読んでいただき満足してもらえたなら、編集者の東寿浩さんのご努力によるものです。企画から編集作業は当然ながら、取材と写真撮影に時間をかけてもらいました。本当にありがとうございます。

東さんが京都勤務の時にお酒をごちそうになったことへのお礼ではありません。ともすれば遅れがちな原稿をお待ちいただきました。もっと早く原稿を書ければよかったのですが。

きれいなイラストを描いてくださった北澤平祐さん、デザインをしてくださった藤塚尚子さん、編集にご協力いただいた甲斐荘秀生さんにも御礼申し上げます。筆者の遅筆ゆえに先手を打って手探りで作業を進めていただき、伴走いただいたことには感謝しかありません。また、筆者を学問の世界に導いていただいた沖田行司先生（びわこ学院大学学長）、家業も嗣がず本ばかり収集する筆者を暖かく見守ってくれた母に支えられて本書が完成しました。

最後になりましたが、ちょっと一つ小話を。富太郎の言葉に「雑草という草は無い」というものがあります。これは昭和天皇のお言葉としても語られることが多いものですが、本当に言ったのかどうか、しばしば議論になります。英国首相のチャーチルが「20歳の時に自由主義者でなければ情熱が足りない。40歳になっても保守主義者でなければ知能が足りない。」と言ったとされているのが本当に本人の言葉なのか、というのが議論になるのと同じような文脈だと思いますが、実際どうだったのでしょう。

『高知新聞』(2022年8月18日)によると、作家の山本周五郎が記者をしていた時に富太郎にインタビューをして、その時に「きみ、世の中に〝雑草〟という草は無い。どんな草にだって、ちゃんと名前がついている」と語ったということのようです。

今まで、「言っていたらしい」ということが語られていましたが、朝日新聞の記者だった木村久邇氏が山本周五郎を取材して書かれた『周五郎に生き方を学ぶ』の中でこのエピソードが描かれていました。

富太郎自身が文章にしたものではないとはいえ、彼がこの言葉を遺していたことは間違いないようです。「雑草という草は無い」ように、人間も無名の存在ではなく、一人ひとりが名前と個性を持っています。そのことを忘れずにいたいですね。

富太郎のように、誰もが好きなことを生涯続けられることを祈っています。

最後まで読んでいただき、ありがとうございました。

光川　康雄

〈参考文献〉

朝井まかて『ボタニカ』祥伝社　2022年
上村登『牧野富太郎傳』六月社　1955年
上村登『花と恋して―牧野富太郎伝―』高知新聞社　1999年
大島理恵「牧野富太郎　愉快な人生は、植物とともに」（学研教育出版編集部編『環境―母なる地球を守るために―』（科学感動物語3）学研教育出版　2013年所収）
大場秀章編『植物文化人物事典―江戸から近現代・植物に魅せられた人々―』日外アソシエーツ　2007年
大原富枝『草を褥に―小説牧野富太郎―』小学館　2001年
回想杉浦重剛編集委員会編『回想杉浦重剛―その生涯と業績―』1984年
小澤清躬『蘭学者 川本幸民』川本幸民顕彰会　1948年

神戸淳吉『牧野富太郎』（ポケット偉人伝2）潮出版社　1971年
宮内庁編『昭和天皇実録』東京書籍　2015年～2019年
高知県立牧野植物園編『牧野富太郎写真集』　1999年
高知県立牧野植物園編『牧野富太郎蔵書の世界―牧野文庫貴重書解題―』　2002年
高知新聞社編『MAKINO』北隆館　2014年→『MAKINO―生誕160年　牧野富太郎を旅する―』（北隆館新書）北隆館　2022年
国立科学博物館・高知県立牧野植物園・日本大学生物資源科学部資料館編『草木の精　牧野富太郎―企画展―』日本大学生物資源科学部資料館　1998年
コロナ・ブックス編集部編『牧野富太郎―植物博士の人生図鑑―』平凡社　2017年
佐川町立青山文庫編『日本植物学の父・牧野富太郎―牧野富太郎生誕

150年記念特別展示―』　2012年
佐藤七郎『牧野富太郎』（少年伝記文庫18）国土社　1962年
七戸克彦「現行民放を創った人びと（11）査定委員①・主査委員⑧―土方寧・本野一郎」『法学セミナー』通巻663号　2010年3月
渋谷章『牧野富太郎―私は草木の精である―』（シリーズ民間日本学者4）リブロポート　1987年→平凡社（平凡社ライブラリー）　2001年
清水洋美（文）・里見和彦（絵）『牧野富太郎―日本植物学の父―』（はじめて読む科学者の伝記）　汐文社　2020年
白岩卓巳『牧野富太郎と神戸』（のじぎく文庫）　神戸新聞総合出版センター　2008年
高崎哲郎『評伝　山に向かいて目を挙ぐ―工学博士・広井勇の生涯―』鹿島出版会　2003年
髙橋紘『人間　昭和天皇』（上・下）講談社　2011年
武井近三郎『牧野富太郎博士からの手紙』高知新聞社　1992年

谷本雄治（文）・大野八生（絵）『草木とみた夢─牧野富太郎ものがたり─』出版ワークス　2019年
中村浩『牧野富太郎』（少年少女新伝記文庫17）金子書房　1955年
氷川瓏『牧野富太郎』（子どもの伝記全集39）ポプラ社　1979年
福澤諭吉（著）・中川眞弥（編）『福澤諭吉著作集〈第2巻〉世界国尽・窮理図解』慶應義塾大学出版会　2002年
牧野富太郎『草木とともに』ダヴィッド社　1956年→『草木とともに─牧野富太郎自叙伝』KADOKAWA（角川ソフィア文庫）2022年
牧野富太郎『牧野富太郎自叙伝』長嶋書房　1956年→講談社（講談社学術文庫）2004年
牧野富太郎『我が思ひ出─植物随筆〈遺稿〉─』北隆館　1958年→『我が思ひ出─牧野富太郎〈遺稿〉─』北隆館　2022年
牧野富太郎・牧野鶴代編『牧野富太郎選集』全5巻　東京美術　197

0年→学術出版会　2008年
牧野富太郎『わが植物愛の記』（河出文庫）河出書房新社　2022年
松岡司『牧野富太郎通信―知られざる実像―』（トンボ新書）トンボ出版　2017年
光川康雄「牧野富太郎―学歴を持たない植物学者―」沖田行司編著『人物で見る日本の教育第2版』ミネルヴァ書房　2015年、2012年初版所収
山本和夫『牧野富太郎』（講談社の子ども伝記）講談社　1980年
山本藤枝『牧野富太郎―世界にほこる偉大な植物学者―』（児童伝記シリーズ）偕成社　1971年
横山充男（文）・ウチダヒロコ（イラスト）『牧野富太郎―植物の神様といわれた男―』くもん出版　2022年

牧野富太郎略年譜

西暦	和暦	年齢	
1862	文久2	0	4月24日、土佐国高岡郡佐川村にて生まれる。幼名、成太郎。6歳までに父、母、祖父が亡くなり、祖母浪子に育てられる。
1873	明治6	11	伊藤蘭林の塾、そして名教館（名教義塾）で学ぶ。
1874	明治7	12	佐川小学校に入学するも、2年後に自主退学。
1877	明治10	15	請われて佐川小学校の臨時教員となる。
1879	明治12	17	臨時教員を辞め、高知の五松学舎に入塾するも、コロナが流行り佐川に帰る。
1881	明治14	19	初めての上京。第2回内国勧業博覧会見物、博物局に田中芳男らを訪ねる。
1884	明治17	22	二度目の上京。東京大学植物学教室への出入りを始める。
1887	明治20	25	『植物学雑誌』創刊。祖母浪子亡くなる。
1888	明治21	26	壽衛と結婚。『日本植物志図篇』刊行開始。
1890	明治23	28	ムジナモ発見。植物学教室への出入りを禁止される。
1893	明治26	31	帝国大学理科大学助手となる。
1900	明治33	38	『大日本植物志』刊行開始。
1910	明治43	48	助手を休職となる。

1912	明治45	50	東京帝国大学理科大学講師となる。
1916	大正5	54	『植物研究雑誌』を創刊。池長孟が援助を申し出る。
1926	大正15	64	東京府北豊島郡大泉村に自宅を建設(現在の牧野記念庭園)。
1927	昭和2	65	理学博士の学位を東京帝国大学より受ける。
1928	昭和3	66	壽衛亡くなる。前年発見した新種のササにスエコザサと命名。
1939	昭和14	77	東京帝国大学講師辞任。
1940	昭和15	78	『牧野日本植物図鑑』刊行。
1948	昭和23	86	昭和天皇に御進講。
1950	昭和25	88	日本学士院会員となる。翌年、第一回文化功労者となる。
1956	昭和31	94	病臥の中、昭和天皇より見舞いのアイスクリームが届く。佐川町名誉町民となる。『牧野富太郎自叙伝』刊行。
1957	昭和32		1月18日午前3時43分、永眠。文化勲章を授与される。
1958	昭和33		高知県立牧野植物園開園、東京都立大学牧野標本館開館、練馬区立牧野記念庭園開園。

【著者紹介】
光川康雄（みつかわ・やすお）
1951年生まれ。1975年、同志社大学文学部文化学科教育学専攻卒業。1988年同志社大学大学院文学研究科博士後期課程単位取得退学。同志社大学嘱託講師、駿台予備学校講師等を経て、現在、びわこ学院大学短期大学部教授。
主著に『人物で見る日本の教育』（「牧野富太郎」分担執筆、ミネルヴァ書房）、『教育の原理』（共著、樹村房）などがある。

牧野富太郎　草木を愛した博士のドラマ

2023年3月5日　初版第1刷発行

著　者——光川康雄

発行者——張　士洛
発行所——日本能率協会マネジメントセンター
〒103-6009 東京都中央区日本橋2-7-1 東京日本橋タワー
TEL 03(6362)4339(編集)／03(6362)4558(販売)
FAX 03(3272)8128(編集)／03(3272)8127(販売)
https://www.jmam.co.jp/

編集協力——甲斐荘秀生
装丁・本文デザイン——藤塚尚子（etokumi）
イラスト——北澤平祐
本文DTP——株式会社RUHIA
印刷所——シナノ書籍印刷株式会社
製本所——株式会社新寿堂

ISBN 978-4-8005-9084-8　C0021
落丁・乱丁はおとりかえします。
PRINTED IN JAPAN